バブルと失われた20年

戦後日本を読みかえる
6

坪井秀人 編

臨川書店

序言

坪井秀人

〈戦後〉という時代概念はもはや無効である。こうした声がもうすでにかなり以前から、日本研究に関わる人文学、とりわけ歴史学などから盛んに言われるようになってきた。〈戦後〉と日本語が指示するものは、日本という国・地域にしか当てはまらない、一国主義的で特殊な時代区分・概念でしかない。このことを認めるならば、〈戦後〉の有効性に対するこの問い直しには一定の説得力がある。隣国の韓国を例に取れば、そこに住まう人々はなお韓国戦争（朝鮮戦争）の休戦状態にあり、〈戦後〉ではなく〈戦時〉にあると言う方が正確であろう。その朝鮮半島における〈戦時〉を代償として日本の〈戦後〉も成立していることを考えるならば、なおさらのことである。

日本にとっての〈戦後〉。それは韓国・朝鮮を含む東アジアの諸地域においては別の時間、すなわち〈解放後〉〈光復後〉その他の呼称で言われる別の時間と、非対称な形で対応し、時にはきびしい対立をもはらむだろう。〈戦後〉という時間について考える時、こうした東アジアにおける非対称性のことを無視するわけにはいかないのである。

しかし、その反面で、いわゆる構造改革以後の日本の政治のステージでは、新自由主義の風潮が強まることともあいまって、時々の政権によって、〈戦後〉という軛からの脱却とその超克が繰り返し声高に叫ばれてきたという経緯もある。七十年以上の長きにわたって続いてきた日本の〈戦後〉は、いまやイデオロギーに関わりなく、ある種強制的な忘却の力学によって空洞化され、過去化されようともしている。

このようにして〈戦後〉は日本の内から外から、しかもそれぞれまったく違う力学のもとでその終末を迎えようとしているのかもしれない。しかし、このような現在だからこそ、〈戦後〉とはどのような時代だったのかを徹底的に検証し、考え直す時が来ているのではないだろうか。〈戦後〉という時間に殉じるがごとく、（皮肉なことに）衰弱の途を取らされ続けている人文学の知をここに集めて、臆することなく真っ向から〈戦後〉を読みかえることに挑んでみたい。

本叢書『戦後日本を読みかえる』が目指すのは、保守主義を中心に唱えられてきた〈戦後〉に対する挑戦に対峙し、〈挑戦〉する権利を私たちの側に奪い返すことである。安易に〈戦後〉が総決算され、そこから脱却されることに抗し、本当の意味で〈戦後〉を終わらせるための作業に就くこと。本叢書の評価はその作業に対する評価によって決しられるはずである。

なお、本書は編者が研究代表をつとめた国際日本文化研究センター・共同研究会「戦後日本再考」（二〇一五年四月～二〇一八年三月）におけるパネル発表や研究発表の成果の一部である。ただし、共同研究会のメンバー以外にも、必要不可欠と考えられる幾人かの方々には執筆をお願いしてご寄稿いただき、完成されたものである。

＊　　＊

「バブルと失われた20年」と題された本書は『戦後日本を読みかえる』の第6巻、この叢書の最終巻にあたる。本叢書は「敗戦と占領」で始まり、主としてクロニクルに沿う形で構成されているが、本巻は同時代、現在ただいま私たちが呼吸している時間、〈戦後〉と呼ばれてきた時代の最も新しい時間をとらえた一巻である。

しかしながら、最終巻ということもあり、本巻には〈同時代〉の狭い枠にとらわれずに〈戦後〉という時間の総体を問い直す論考を三篇収録した。冒頭の酒井直樹、鍾以江、沈熙燦による論考である。それ以外の坪井秀人、浅野麗、朱恵足、シュテフィ・リヒターによる四篇は、一九八〇年代のバブル期とその崩壊以後、すなわちポストバブルと呼ばれる時代、そしてそれを包括した、いわゆる〈失われた20年〉という時代、まさしく私たちの生々しい〈同時代〉を扱った論考である。

大まかに分類すれば、前者は戦後日本の知と認識のパラダイムを総括したもので、そのパラダイムが国民国家権力、あるいはナショナリズム、天皇制、あるいはグローバリズムとどのような関係を結んできたのかを考察したものである。また後者は、ポストバブル期に跳梁してきた新自由主義の潮流の中で危機に瀕している生を捉え返し、あるいはポスト・フクシマの今日の状況から、アメリカに服従してきた戦後日本を捉え返す試みを、小説テクストにおける表象や現在進行形の運動の分析を通して行ったものである。

とはいえ、最初の三篇とつづく四篇の間には何か断絶のようなものがあるわけではない。戦後日本の総体を再審に差し出すことは〈同時代〉状況の問題系に直面することを余儀なくさせるだろう。また、〈同時代〉の表象や運動の現場《フィールド》、そのディテイルに徹底的にこだわってみる試みは、戦後日本の〈戦後〉性を考察するアリーナの空間に私たちを誘い出さずにおかないはずだ。

バブルの崩壊と〈失われた20年〉を規定するのは、一般的には金融危機、デフレーション、円高、リーマンショックといった経済に関わる要素であろう。同時に、一九九〇年代以降の知や文化をめぐる状況においても、それがバブル期の泡沫的なイルミネーションをうつろな視線で振り返るような、出口の見えない暗闇の中にあり、その暗闇の時代を経済状況と無関係には語りにくくしている面があることも事実である。

バブル期の一九八九年には三菱地所がマンハッタンのロックフェラー・センターを買収して話題になったが、そんなつまらぬ〈栄華〉をうたかたの夢のごとくに消し去るように、一九九一年からは日本は長期的な経済の低迷に入る。それ以降の二十年（以上）を一般には〈失われた20年〉と呼ぶのだが、そこで緊縮財政の名目でほとんど〈国民精神総動員〉的に社会の隅々にまで浸透していったのが、有益と無益とを弁別して、役に立たないもの（但し消費促進の観点から〈ぜいたくは敵〉にはならない）を徹底的に敵視する風潮である。そしてこの敵視の標的になったのが、社会や権力の批判ばかり繰り返していて実利的には役に立たない（と見なされた）、文学・芸術や人文科学の領域であったわけだ。

戦前から教養主義的伝統として日本においても継続してきた〈フマニタス〉（近代的人間性）にとって

はまさに暗雲立ちこめるこの状況だが、このことはバブル時代以後に声を強めてきたネット右翼に代表される比較的若い世代の、新しい保守社会層から、彼らによって〈リベラル左派〉とラベリングされた人文学研究者たちが度重なる攻撃を受け続けるという、殺伐とした知の状況とも連動している。

五五年体制の崩壊、阪神大震災、小泉構造改革、そして政権交代……。世紀転換を挟んだ二十年の間に次々に起きた出来事は、日本社会にその都度浮沈をもたらしたが、社会の流動化は、世界的にも日本国内的にも〈危機〉や〈終焉〉にまつわる言説を盛行させた。だが、組織やディシプリンが危機に瀕し、終わりを迎えようとしているという時代の気分を根こそぎリセットさせるかのように、二〇一一年三月、東日本大震災と原発事故が日本を襲った。〈失われた20年〉は二十年を過ぎてもいまだ終わっておらず、喪失し続ける社会のモードは更新されているはずなのだが、〈失われた30年〉という声はなぜか聞かない。

〈戦後レジームからの脱却〉を理念に掲げ、戦後の平和主義の歴史を批判して憲法改正を目指す安倍晋三とその政権は、〈戦後〉を終わらせようと虎視眈々と布石を打ってきているが、彼らの唱えるアベノミクスに代表される種々の〈改革〉は戦後〈リベラル左派〉の〈革命〉〈改革〉の理念をもすっかり簒奪してしまったかのようだ。そのような浮薄な政治の劇場が表に居座りながら、しかし、私たちの無意識の底には喪失感と無力感が沈殿していて、それを公共的な場や現実政治に繋げられないでいるのが、現状ではないだろうか。二〇一一年三月の出来事は、そうした喪失と無力の感を言葉を失う場所深くに沈めた出来事だったといってもよいだろう。私たちはそれ以降〈失われた〉時間すら生きられなくなっているのかもしれないのだ。

だが、そのような無力感を追認するだけでは何も始まりはしない。本巻に収録した鍾以江の論考が戦後日本の大学教育の歴史に批判的検討を加えながら示唆するように、過去におけるフマニタスの、国民国家との《ネクサス》を検証することを通して、それを克復するトランスナショナルな志向の中にフマニタスの新しいかたちの可能性を見出す道筋は確実に目の前にあるのだ。酒井直樹は巻頭の論考で、このフマニタスを文化の観察・記述者の立場に立つ者の根拠として、自らの文化を対自化できない（原住民的な）アントロポスと対置させているが、この見取り図もまた国民とのネクサスによって排除されてきたのが誰だったのか（それを酒井は《移民》だと道破する）を明らかにする意味を持つ。朱恵足は目取真俊と津島祐子の小説が対位法的に交錯させて〈オキナワ〉と〈フクシマ〉が重なりあう場面を開示してくれているが、それは〈移民〉と等しく、〈戦後〉によって無きものとされてきたことを暴くことでもある。朱は、沖縄戦で一度アメリカに《侵犯》された沖縄に軍事基地を集中させ、核兵器の持ち込みを容認するという〈復帰〉によって、《日本の「戦後」が終わったという印象をねつ造した》と批判しているが（二〇三頁）、〈戦後〉を簡単に終わらせないこうした思考こそが、国民国家の境界をこえた、これまでの〈戦後〉にはなかった人々の交通と運動に可能性をもたらすのである。

なお、本巻収録の論考は国際日本文化研究センター（日文研）の共同研究会「戦後日本文化再考」の成果だけでなく、一部の論考は二〇一五年に日文研とハーヴァード大学において二度にわたって行われた〈海外シンポジウム〉の成果を含んでいることを付記しておく。特にハーヴァード大学との共同研究の成果は別に瀧井一博／アンドリュー・ゴードン編『創発する日本へ――ポスト「失われた二〇年」のデッサン――』（弘文堂、二〇一七）として刊行されている。

目次

序言 …… 坪井秀人 i
第1章 序説：戦後日本の国民主義と人種主義 …… 酒井直樹 3
第2章 曲がり角の人文学知と日本の大学のグローバル化 …… 鍾以江 61
第3章 戦後民主主義の基底音を聞く
——矢部貞治の民主主義論を手がかりに …… 沈熙燦 93
第4章 ポストバブルの「アブジェクト」
——『キッチン』から『OUT』へ …… 坪井秀人 133
第5章 笙野頼子「なにもしてない」論
——〈中途半端〉の力学 …… 浅野麗 165
第6章 失われた「戦後」をたどり直す
——オキナワとフクシマからの問い …… 朱恵足 195

第7章　プレカリ化する日本……シュテフィ・リヒター　225
編者・執筆者紹介……253

装幀・野田和浩

第1章　序説：戦後日本の国民主義と人種主義

酒井直樹

福澤諭吉著

文明論之概略　全六冊

明治八年四月十九日許可　著者藏版

福沢諭吉『文明論之概略』初版一八七五年

二〇一六年六月に国際日本文化研究センターで開催された共同研究会の席で、私はアジア・太平洋戦争後の日本社会の国民主義と人種主義の結びつきを考える上でどうしても必要となる理論的な見取り図を描いてみました。じつは、その際に報告させていただいた考察は、二〇一一年に京都大学で開催された哲学者ポール・スタンディッシュとの討論のために準備された草稿をもとにしています[1]。この草稿では、社会的な公正さ（fairness）と平等という考え方が主題的に論じられました。そこで、人種主義を考えるために、もう一度、この報告に戻ってみたいと思います。

これ迄、個々の差別の事例や民族差別の意識が問題とされることがあっても、帝国日本が崩壊した後の領土的に縮小した日本国家と日本国民との連関で、人種主義という主題の下に様々な社会抗争や社会現象が論じられることは比較的少なかったのではないかと思います。帝国日本の敗北以前には人種主義をめぐる議論があれだけあったのに、戦後日本においては人種主義を論ずるための出版媒体も、人種主義を主題的に問題とする人々も急速になくなってしまいます。戦後日本の人種主義論の貧困化は、稿を改めて論ずるつもりですが、本論ではまず人種主義を論ずるための前提条件を考えてみたいと思います。アジア・太平洋戦争の後に連合国の占領を経て大日本帝国から日本国へと大きく変わった日本社会において、国民主義と人種主義がどのような形をとっていったかについては、紙面が限られているために改めて別の機会に論じたいので、本稿はとりあえず「序説」としておきます。

人種主義は現代社会のおける不公正さの最も典型的な事例として知られているといってよいでしょう。

たとえば、教育に於ける社会正義の考察を始めるにあたって、ポール・スタンディッシュは、社会正義が論じられるときにはしばしば言及される公正さの主題から出発しています。ところが、公正さの問題にとりかかるためには、私たちが特定の社会編制のなかで生きていることを忘れるわけにはゆかないとも、彼は述べています。「正義が公正さを意味していることを承認するや否や、一方で、私たちは平等という原則とこの原則が含意している一種の普遍主義にむかって一歩を踏み出してしまうのです。すなわち、人間であるという点で私たち全てが平等であるという前提を承認せざるをえないのです。」ここで、私たちが問題としているのは、身分によって各個人が画定されるような社会編制における公正さではありません。私たちの出発点は、まず全ての人間は平等であるという原則が社会的通念として受け容れられているような社会編制に私たちはすでに生きてしまっているという点を確認することなのです。しかし、そもそも「全ての人間」とは誰のことなのでしょうか。「全ての人間」といいますが、どのような意味で「人間の全て」を問題にしているといえるのでしょうか。

Ⅰ

ここで、戦後日本社会へ視座を限ることを許していただきたいと思います。ただし、アジア・太平洋戦争後の西太平洋の群島日本の住民を論ずるにあたって、国民社会の文脈とは近代日本社会のそれで、これは歴史家が教えてくれていることですが、一八六八年後に根本的な社会編制の変化があり、そのお陰で平等という価値が、おそらく有史以来始めて、日本の島々に住む人々のあいだに紹介されたという点を確認しておきたいと思います。明治維新以前には、この群島の住民は三百余りの前近代国家のもとで生きていて、この封建国家の集合は現代の歴史教科書では「幕藩体制」と呼ばれています。幕藩体制は、「幕府」という権威とこの権威に従属する「藩」と呼ばれる国家群からなる封建連邦で、近代の中央集権化された領土主権国家とはあきらかに異なったものでした。地方の藩は各々が最強の藩である徳川幕府によってその封土を承認され、その官僚体制の存続は親族の相続の正統性によって保証されていました。(2) 日本近世を専門とする歴史家によれば、幕藩体制はしばしば農民一揆に悩まされており、百姓(農民)は彼らの叛乱を疑似儒教イデオロギーによって正当化していたといわれます。(3) ここで注目すべきなのは、農民たちが彼らの叛乱を合理化するために訴えた倫理的規範や徳のなかに、平等の理念は決して含まれていなかったことです。しかし、一八六八年に幕藩体制が崩壊し明治政府が樹立されるや否や、百姓一揆のなかに平等の理念によって自分たちの叛乱を正当化する者が現れ始めるのです。(4)

明治維新以前であっても、漠然とした平等観が、宗教的儀礼や社寺での説教、あるいは説話などの機会に表明されていたことは大いにありそうです。たとえ前近代社会であっても、人々が平等への期待をもたなかったと考えることは、ちょっと難しい。それにしても、「平等」で私たちは一体何を理解しているのでしょうか。そもそも平等とは何なのか、平等が指し示す社会的な現実とはどのようなものなのか、交際の場面でどのような振る舞いを平等という理念は規範化するのか、これらのことを限定するのは至難の業であるといってよいでしょう。したがって、理念としての平等と制度化された現実を表わす概念としての平等をとりあえず区別しておくのも、全くの無駄という訳ではないでしょう。ただし、平等であるかぎり、理念としての平等も制度としての平等も、ともに日常生活で人々の振る舞いを統御する規則（平等がどのように実働化するかについては、規範、法則、範型、合理性、などの限定が可能ですが、この概念的な限定を詳論することは別の機会に譲りたいと思います）ですが、平等が社会生活で実効性を発揮するためには一定の社会的設定を可能にする言説（discours）が必要であるように思えるのです。社会的な設定とは、ある価値が実働化するときの言説、制度的な舞台装置、あるいはそのような舞台装置で充分に活動できる能力を備えた主体が存在しているなどのことで、この設定がないとき、平等が社会的な正義の実例として機能することはないでしょう。つまり、平等とは形而上学的な理念であり、その理念と経験的な実働化の間には懸隔があり、この理念が実定性を獲得するのはどのような言説においてであるかが、問われているのです[5]。

歴史的に考えますと、平等が規範あるいは徳として受容されるために必要な社会的設定は漠然と「国民」あるいは「民族」と呼ばれるのが普通でした[6]。この報告の後半で「国民」や「民族」を越えた設定においても有効な理念としての平等を論じたいと思いますが、私としては、これまで平等が、殆どの場合、国民国家において制度化された社会関係を前提として理解されてきたことに疑問の余地はないと思っています。と同時に、あえて先取りしていってしまえば、平等の理念は「国民」や「民族」を統合する感性-美学的な原理「国体」を支えつつ、他方では、そのような「国体」と矛盾するものでもあるのです。

近代のもつ一つのしかも重要な意義は、社会編制の根本的な変化の結果、人々が新たな自己画定（identification）の様式を獲得することにある、といえます。

もちろん近代は数多くの側面をもっていますが、私は「近代化論」の視座をできるだけ避けたいと思っています。というのは、「近代化論」は、ある政体あるいは国家とその統治（government）の及ぶ範囲を実体化してその実体の全体が歴史的な変化を遂げる、あるいは、そのような政体を有機的な全体とみなしその実体が進化する過程を「近代化」と呼ぶわけです。私は近代を考える上で、近代は様々な側面を持ち、これらの側面は必ずしも統合されていませんから、近代を体系的な整合性と考えることは困難ではないかと考えます。端的にいってしまえば、私は近代的な合理性の貫徹した近代社会と近代化されていない前近代の遺制の残る伝統社会という、あるいは近代化の進んだ先進国と遅れた後進国という、近代化論では当然視されている段階論には、疑いをもっています。

そのような近代の側面の一つが、人々が古い自己画定の仕方とは違った新しい自己画定を学び取る闘争の過程なのです。一般に、この近代の側面は、「主体性」の問題として語られてきました。歴史学ではよく知られていることですが、「主体」あるいは「主体性」を意味する subject あるいは subjectivity は[7]西ヨーロッパでは十八世紀になるまで使われたことはありませんでした。主体の概念の発明は、数学に於ける微積分学の発達や脱自的（絶えず自分の外に出てゆくということ）かつ歴史主義的な時間性と相関していますが、主体性の概念は十八世紀に新たに発明されたものと考えてよいでしょう。近代社会においては、個人にとっての自己画定の様態が根本的な変化を遂げたために、個人の同一性（identity）を論じるにあたって主体性の議論が有意味になるような事態が現出したのです。つまり、近代以前のいわゆる前近代的な社会においては、主体性の概念が有意義な文脈を見いだすことが困難で、そのかぎりで主体性の概念そのものに過大な意義を見いだすことができなかったのです(8)。

東アジアの社会――とくに東北アジアを私は考えているのですが――では社会変化が同じような形で同時に起こったということはできません。さらに、一つの国民共同体の内部でさえ、近代化が同時に起こったということはできないでしょう。そのような「共時性」としての「同じ時間を共にする」ことは、むしろ国民という新しい想像の共同体が成立した結果であると考えざるをえないのです。例えば、日本という国民共同体の中では、日本人は全て同じ歴史的時間を生きている、という「『空虚な時間』の中に生きている」という思い込みこそが、国民共同体を可能にするのです(9)。中国の近代化と韓国の近代化を同一の編年史で語ることは許されないだけでなく、日本の鹿児島と青森を同じ時間で測ることもできません。武士と水呑み百姓が同じ同時代を生きていたかも疑わしい。にもかかわらず、時期は違っても、東アジアの社会群がある根本的な変化を達成しており、そのかぎりで、現時点から見ると共通の近代を成就しつつあると考えることができます。私が東アジアにおいて近代は貫徹していると考えるのは、このためです。近代化のお陰で、中国、韓国、台湾、そして日本の人々は、一定の自己認識の制度、集団的な語彙、そして自己画定の様式を共有するようになっています。

そこで忘れてはならないのが、東アジアでは多くの知識人が、儒学との関連で近代の問題を論じたという歴史的事実です。十九世紀半ばから二十世紀の前半まで、東アジアの知識人にとって、「儒教」のはらむ前近代性を考慮せずに近代の問題を検証することはできませんでした。[10] 近代の問題は、いかにして儒教の遺制から人々を解放するかという課題を避けては論じることができなかったのです。もちろん、古い社会関係の制度が一夜にして新しい社会関係の制度によって取って代わられるなどということはありません。これはもちろんのことですが、中国に、朝鮮半島に、日本群島に、さらに台湾に、「国民」や「民族」が作り上げられるためには何十年という年月と闘争が必要でした。

そこで、いかにして東アジアの知識人が新しい種類の社会的正義を了解するようになったかを説明するために、以下の論点を強調したいと思います。(1) 儒学倫理には、社会関係一般の概念化の公式と個人の自己画定(individual identification)の一定の様式が組み込まれています。(2) 儒学特有の社会関係の理解と個人の自己画定の様式は、国民国家を成立させるために必要な新しい様式の自己画定とは両立不能でした。(3) 儒学を、個人がその内面の生活において従う信仰に還元して論じることはできません。[11] 儒学(「儒教」は明治時代になって発明された言葉で、それ以前は儒学、経学、「先王の教え」などと呼ばれていました)とは、総合的な制度の総称で、社会関係のネットワーク、個人の振る舞いを機制する実践的な規則、個人の間の相互認知を規定する手続きや儀礼、知識生産における一定の合理主義、古典注釈のための文献学的考古学、そして宇宙論などから成り立っていました。手短かにいってしまうと、儒学を「宗教」として扱うことには無理があり、プロテスタンティズムの範型にしたがって、儒学をいわゆる「内面化された信仰」に還元して理解することには強引さが伴います。ですから、北村透谷のような当時の思想家が、儒学(さらに仏教をも)における「内面性」の欠如を激しく非難したことは、決して偶然ではありませんでした。しかし、翻って、北村たちが導入しようとしていた信仰や内面性は、すでに自己画定の方式の変革を予想していたのです。儒学からの解放こそが、日本の近代化にとって、錦の御旗の役割を果たしたのです。このような前置きをしたうえで、近代の日本における社会正義の議論に戻ってみましょう。

Ⅱ

明治維新に遅れること十五年、台湾併合に先んじること十三年の一八八二年に、当時の指導的社会哲学者であった福沢諭吉は「徳育如何」という、未だに生き延びていた儒者風の批判から新しい教育を擁護するために書かれた小論文のなかで、倒幕以来の社会で人々の道徳意識に起こった根本的な変化について語っています[12]。明治維新に続く社会編制の革命は、人々の意識をも大きく変えつつあったのです。「徳川の御代」には社会規範として尊重されていた道徳律が、現在の「開明の御代」では意図的に無視され蹂躙されているようにみえると、福沢は述べています。一家族のなかでさえ人々は長幼の序に注意を払わなくなって来ていると、彼はいいます。知識において優れているかあるいは技量において卓越しているかを自分の実績によって証明しないかぎり、たまたま兄に生まれたからといって、弟より上位の公的地位を占めることを、社会が許容しなくなってきている。「父子有親、君臣有義、夫婦有別、長幼有序」に関する「先王の教え」（儒教のこと）を実行する人はどんどんいなくなっている、というのです。

儒學が人間に普遍的に内在するとした道徳秩序を、人々が尊ぶことがなくなってきているのです。元禄時代の士大夫がこの「開明の世」に蘇ってきたら、開明どころかこの世は暗黒で、今の世では人の道が見失われてしまったと嘆くだろう、と福沢は想像を逞しくしています。

しかし、福沢の論点は、急激な意識の変化の理由を日本の倫理意識の頽廃に求めることにはありませんでした。明治維新以降の日本社会で道徳意識の頽廃とみえる事態の真の意義は、儒学が掲げる道徳律が蹂躙されている事実が決して不当なものではなく公正なものである、という国民的合意が新たに作り出されてきているという点にあるのです。長幼の序が無視されるような風潮は、道徳的に正しいことであって、それは道徳意識の頽廃などとみなされる必要はないのです。開国と政体の変更以来、日本の津々浦々に到るまで人々の願望は進歩的な目標に向かって新たな方向を与えられ、こうした日本人の願望を簡単に切り捨てることはできない、と彼は主張します。つまり、人々の世論のあり方そのものが決定的な仕方で変わってしまったのであって、道徳教育が全く必要なくなってしまった訳ではないけれど、その役割は新たな状況に見合って基本的に考え直されなければならないのです。

さらに福沢は続けます。主従の絆は、かつて、三百余のお互いに対抗する政体、すなわち、三百余の「藩」に分裂していた。今や、日本は一つの大きな「藩」にまとめられている。当然のことながら、旧来の主従の絆を未だに千歳一日のごとく奉ることは、馬鹿げたことであろう、と。福沢が密かにいわんとしているのは、儒学は本来的に「非国民的」な教えであって、儒学に則って生きる限り、人々は国民となることはできない、という点です。

儒学系の保守的な学者を、福沢は批判しますが、彼の批判の中心にあるのは次のような歴史的認識です。明治維新以来彼らが生きてきた社会編制は、徳川幕藩体制のような封建的で地方分権的な体制ではないという最も初歩的な事実認識を、儒学系の学者は欠いている。その結果、古い「忠」という徳が今や全く場違いなものになってしまっているのに気がつかない。つまり、かつて「お国」とは「藩」を意味する地方政権のことでしたが、地方を意味していた「お国」は最早「藩」でも「封土」でもなく、それは「国民国家」に変貌してしまったのです。したがって、福沢が主張するには、藩の自立の精神は「国権論」（国民国家主権の主張）によって取って代わらねばならないはずなのです[13]。

もちろん、この国家体制の変化をもっぱら量的な変化としてのみ理解する訳にはゆきません。複数あった国家が一つになった、三百の政府が一つの政府に統合された、ということだけではないのです。そこには非可逆な質的な変化があったのです。つまり、国民国家が樹立されるにつれて、倫理そのものの根本的な変化が起こり、人々は異なった道徳観に従って生き始めているのです。

在昔は、社会の秩序、全て相依るの風にして、君臣、父子、夫婦、長幼、互いに相依り相依られ、互いに相敬愛し相敬愛せられ、両者相対してしかる後に教えを立てたることとなれど[14]、

昔は、社会の秩序は、君主と臣下、父と息子、夫と妻、兄と弟といった相互規定の社会関係を基軸にして成り立っていました。当然、儒学の道徳はこれらの社会関係が成立していないところでは実効性をも

ちえません。しかし、先王の教えでは、君臣・父子・夫婦・長幼に象徴される社会関係は、人間の普遍的な規定であって、これらの相互的な関係の編み目のうちに占める位置によって個々人はあらかじめ限定されていることになります。つまり、個々人の責務と権限は、他者との間に繰り広げられた相互依存の関係網のなかで占める位置を離れては、考えることはできません。

これとは反対に、福沢の唱える「自主独立論」では「まず我が一身独立せしめ、我が一身を重んじて、自らその身を金玉視し、もって他の関係を維持して人事の秩序を保つべし[15]」となります。個々人は、まず独立して存在し、個々人は他者との関係を自らの意思で取捨選択することが求められるのですから、人間は君臣・父子・夫婦・長幼に象徴される社会関係から独立した存在者として、まず与えられているのです。まずここで確認しておかなければならないのは、独立した存在としての個々の人間（後に「個人」という概念に結晶することになります）が身分や親族の関係性に対して論理的に先行している点です。つまり、人間がまず個物化（individuation）された上で、その社会性を問題とされることになるのです。つまり、人間が「個人」（individual）となってゆくのです[16]。まず個人という単位が前提された上で、そのように自存する個人が他の個人との間に社会関係を作り出すことによって社会が出来上がってゆくのです。その限りで、社会は個人に比して二次的な存在です。これに対して、儒学では、まず様々な親族を作り出す関係が前提された上で、個人は社会関係の網目の中に位置を占めることによって、その存在を確認します。その限りで、儒学においては、社会的な網目がまず存在し、個人は親族に比して二次的な存在にすぎません。

徳川幕藩体制と明治政府といったふたつの異なった形式の政府に由来する教えであるだけでなく、人間観、人間の社会性の理解、そして道徳概念などの基本的な観点で、儒学の教えと福沢諭吉の「自主独立論」は根本的に異なっており、この二つの教えが両立不可能なことが判っていただけるでしょう。もちろん、この二つの異なった倫理観は、明治期だけでなく、二十世紀後半に到るまで、激しい闘争を広げ、日本の社会編制はこの闘争を通じて――そして資本主義の展開をつうじて――大きく変わってゆきます。

「自主独立論」で福沢が何をいいたいかは要約することは必ずしも容易ではありませんが、彼の「一身独立して一国独立する」[17]という有名な主張に言い表されている「個人」と国民との関係を、「自主独立論」が問題にしていることだけは確かです。儒学は個人の独立した行動と思考を妨げ、他人に依存せずに人々が生きようとする願望を阻害するという彼の確信が表明されているだけでなく、「自主独立論」を通じて、それまで知られていなかった社会関係と個人のあり方についての考え方を、彼は提示しようとしているように見えます。これは新しい認識パラダイムであって、この知の枠組みのなかでは人間と社会関係は全く新しく了解され、この認識枠組みなしには、個人と社会の全体の間のまさに近代的な了解は、不可能になってしまうのです。もちろん、ここで福沢が心を砕いていたのは、どのようにして日本に日本人という民族を作ることができるか、日本群島に原住していた無定形の群衆（multitudes）を如何にして日本国民に作り直せるか、でした。

今日、この認識パラダイムは社会についての常識に余りに見事に取り込まれてしまっているために、このような個人と社会関係にかんする観点が、明治の初期に、どれほど新しい奇異な見解であったかを理解することがとても難しくなってしまっています。また人間の個物化によってもたらされた権力をあまりに当然視してしまっているために、儒学の批判を通じてどのような言説が導入されつつあったかが見えなくなってしまっています。まず注目しておかなければならないのは、福沢は、一八七〇年代から一八八〇年代に初めて生まれつつあった国民・民族に向かって、「個人主義」、すなわち、論理的に「個物」(individual)としての人間が、社会関係の以前に実体として存在しているという教説を教え込まなければならなかった、という点でしょう。個々の個人は独立した実体であり、親族関係は二次的なもので、個人の不可分性(individuum、つまりこれ以上分けることのできない最も基本的な原子の資格をもつこと)にとって、社会関係は本質的なものではなく付帯的なものにすぎない、という前提から出発して、彼は社会関係や道徳を全面的に考え直すことを提案しているのです。

福沢の個人主義は、彼の政治的かつ倫理的立場の表明となっていることには疑いはありません。もちろん、西ヨーロッパや北アメリカから政策を輸入することによって急速な変革を遂げつつあった当時の日本では、明治政府の知的・政治的指導者の立場からみると、福沢の構想がラディカルすぎたことには議論の余地はないでしょう。福沢は自由主義的資本主義の核心を見事に理解していたのに対し、明治政府の指導者の大部分は、これほど明確な近代性と資本主義の理解をもっていたわけではなかったのです。その後の日本の近代化はこの自由主義的資本主義の原則に向かって突き進むことになります。今日の日本の社会編制は世界中でも――肯定的な意味と否定的な意味の両方で――最も近代的なものでしょうが、にもかかわらず、福沢の自主独立論のもつその認識論的な重要さを見逃すことはできないのです。この点は、自主独立論と儒学における人間や社会関係の考え方を比較してみると、はっきりしてくるはずです。

Ⅲ

明治時代になり近代的な学問が制度化されるようになると、先に簡単に触れましたように、「儒教」という名称が採用されるようになります。儒教とは、膨大な文献群を包摂するアルシーフ（図書館）を含む多くの制度群を総体として指し示す名称ということになっています。「儒教」という名称の下に、過去二十五世紀に亘って東アジアで、儒学の文献群や制度群が保存され再生産されてきたということになっています。「儒教」という名称が、この膨大な伝統を正確に要約してくれているかどうかは、しかし、私は心許ないと思っています。というのも、この用語は儒学の伝統を「宗教」のそれであると始めから決めつけてしまっているからであり、さらに「儒教」なる伝統が古代から連綿と続いてきたという思い込みを無批判に受け容れているからです。

さらに、「儒教」を他の倫理・政治教説や制度化された実践を見分ける一定数の基準があるかどうかを判断する資格は、私にはありません。そこで、あえて過度の単純化の危険を冒して、「儒教」の参照する対象を狭く限定しておこうと思います。儒教とは、一定の教説、社会的エチケットの体系、親族管理の規則、教育制度、知の生産における合理性の制度、古典解釈学などの寄せ集めのことで、この集合には緩い体系性が予想されており、この体系性は明治時代の初めからそれ以前の数世紀の間には主として日本群島の仏教寺院、藩校、地方都市や商業都市（大阪、江戸、京都）の私塾で「周公孔子之教」、「名教」、「儒学」、「経学」あるいは「先王之教」などと呼ばれ教授されるのが習わしでした。もちろん、この「儒教」の伝統が明清中国、李氏朝鮮、ヴィエトナムなどでの展開と近親性をもっている点を否定することはできず、「儒教」は「国民知」に限ることはできませんから、日本儒教に私の関心を限定する意図は全くありません(18)。

あえておおざっぱな儒教の定義をここで採用しておきましょう。というのは、私たちの課題は、歴史的に儒教の言説を限定し、儒教の教説がどのように下層の農民によって横領されたか、あるいは儒教の学問の展開がどのように国学と呼ばれる儒教に敵対する学派を生み出していったか、といった問題点を解明することにあるのではないからです(19)。このおおざっぱな儒教の定義に基づいて考えるかぎり、私たちの関心は、儒教という陰画を用いて近代国民という陽画を照明することにあるからです。そこで、まず気づくことは、儒教に掲げる「徳」（可能態及び現実態における道徳的価値）が全て特定の親族関係の用語で規定されている、といっても大きな間違いではない点です。儒教では、人間の社会性はしばしば親族関係を列記することによって表現されますが、その理由は、まさに、親族関係の用語で道徳的な価値が象徴されているからです。既に福沢諭吉からの引用のなかに現れていた儒教の「五倫」にまつわる常套句はその典型的なもので――「父子有親、君臣有義、夫婦有別、長幼有序、朋友有信」――これらの関係性において五常と呼ばれる五つの徳目――仁、義、礼、智、信――が実践されるのです。朋友の関係――実はこの関係においても、厳密にいえば、平等という価値は当てはまらないのですが――をのぞけば、「五倫」で指示された社会関係は対等な関係ではありません。つまり、五常という倫理的価値は、対等な関係を始めから予想していないのです。そこで、福沢諭吉は、五倫という関係性で道徳を考えているかぎり、儒教道徳は一方的な義務を生み出してしまう、と述べています。他方、「五倫」は個人を人間関係の複雑かつ交換不可能なネットワークのなかに位置付けます。交換不可能というのは、各々の個人にとって、ネットワーク内の位置は異なっているので、一人の人間を別の人間に、同型の部品のように、取り替えることができないのです。

例えば、保険契約者と保険会社の関係を考えてみましょう。保険会社は多くの契約者と保険契約を結びます。しかし、契約者同士は赤の他人で、契約者の間に社会的関係が作られたりネットワークが成立することはありません。もちろん、契約者が個人的に他の契約者と人間関係を作ることはあるでしょうが、そのような関係が、保険契約そのものの必要条件であったり、必ず予想される帰結であったりすることはないでしょう。ですから、保険会社にとって、個々の契約者は互いに孤立しお互いに無関係で、名前や住所こそ違え、全く互に交換可能な個人であり、孤立して交換可能なこれらの個人の集合は、保険会社にとって一つの「人口」を形作ることになります。つまり、統計的な対象としての個人の集合が成立し、この集合の中で契約者である個人は全く交換可能な単位となります。

「五倫」に象徴される社会ネットワークでは、このような孤立した個人が生じることはありません。

確かに、個々の関係においては――例えば父子の関係で、子は親を介護する義務を負いますから――一方的な義務を負わなければなりませんが、ネットワークの全体としては社会的な見返りを期待できますから――自分の親を介護しなければならないとしても、自分が親になった時には今度は子に面倒を見てもらえる――親族関係に参加する人々は、永い目で見れば、親族相互依存の社会保障の恩恵を期待できる訳です。まさに、福沢諭吉が、「相依り相依られ」と呼んだ、儒教倫理の巧妙な仕掛けがここにあるのです。つまり、儒教の道徳観が描き出しているのは、親族関係に基づいた相互扶助の体系であるといえるでしょう。儒学の司る人間観では、したがって、人間が孤立して把握されることはありません。人間は常に、他の人間との「相依り相依られ」た関係性の中に捉えられており、他者との関係を剥奪された「孤独」な個人を想像することさえできないのです。

しかも、儒教の倫理観だけが、親族関係に基づいた相互扶助の体系であるわけではありません。明治維新以前の社会編制では、倫理観の殆どが、現存する親族関係を繰り込んだものであったと考えた方がよいでしょう。もちろん、前近代的な社会における親族関係は多様であり、文化人類学はごく最近になるまで、多様な親族関係の分類とそれらを統一的に了解することをその任務としてきました。いうまでもなく、この前近代的な親族関係によって統御された社会を、文化人類学者は、「未開社会」と呼んできたわけです。

さらに、儒教倫理には個人の認知という自己画定の仕組みが組み込まれています。人が親族関係に入るということは、保険に入るとかクレディット・カードのメンバーになるのとはちょっと違ったことです。先の保険の例でも述べましたが、クレディット・カードのメンバーになるために他のクレディット・カード契約者を知る必要も他の契約者によって承認される必要もありません。必要なのは、クレディット・カードの会社と個々のクレディット・カード契約者だけで、それは一つの人格（契約を担う会社）ともう一つの人格（契約者）の二人だけです。その構想からみると、[20]もちろん、クレディット・カード契約者はお互いに交信しませんが、この構想を温存したまま、交信を始めたとき、どのような共同制ができ上がるのでしょうか。ただし、次の点は注意しておくべきでしょう。

保険契約者は別の保険契約者に無関心であって、個々の保険契約者は保険会社に対してのみ向き合っているために、相互扶助の感情を持つことがない点です。しかし、明治以降の社会編制では、保険契約者に当たる個人は、同じ国民共同体に帰属する個人を助け、必要な場合は、自分の生命を犠牲にしても助けるのでなければなりません。保険契約者の共同体が、情緒的には無関心によって特徴つけられるとしたら、近代的な国民共同体は共感によって特徴つけられます。保険契約者の集団とは違って、国民共同体は情緒的な絆によって結び付けられた集団である必要があるのです。この国民共同体の性格は、「国体」を論じる段で、改めて、問題にしたいと思います。

ところが、儒教の「五倫」の場合、親族の中に位置を占めるというのは大変に複雑な過程を必要としています。結婚して配偶者の家族の一員になった経験のある人ならすぐわかるでしょうが、親族のネットワークのなかに位置を占めるためには、配偶者の親に認知してもらわなければなりません。配偶者の兄妹との間柄を作りあげなければならない。配偶者の伯父さんや叔母さんだけでなく、甥や姪とも知り合いにならなければならない。そのかわり、相互認知の親族関係の数が増えるにつれて——私は父との関係では娘であり、夫の姉との関係では義理の妹であり、夫との関係では妻であり、夫の上司との関係では部下の配偶者であり、という具合に——私の社会関係の文脈は増えていきますから、私の自己画定(identification)はますます豊かで具体的なものになってゆくでしょう。重要なことは、儒教道徳において、これらの社会関係の各々について、異なった道徳規範が要求される点です。自分の父に対するのと甥に対するのでは、敬語の用法も、身振りも、座席の位置も、時には着るものまで、違ってくるのです。つまり、儒教倫理が齎す自己画定における豊かな具体性とは、親族ネットワークのなかで一定の位置を占める特定の人物を相手にして、「人は何をすべきか」(praxis)、「どのように振る舞うべきか」(conduct)、「何を言ってよいのか」(utterance)、という数多くの実践の規則の総体のもつ豊かさ(と煩雑さ)に他ならないのです。つまり、道徳の規則、振る舞いのエチケット、会話の儀礼が、その都度、誰が相手であり、その相手が親族ネットワーク内でどの位置を占めるかに相関しつつ決まってくる以上、その都度違ってきます。ですから、道徳価値のそれぞれについて、行為する個人の位置は、その個人が対峙している相手の個人との関係によって限定されてきます。つまり、儒学をこのように分析してみるとわかることは、ポール・スタンディッシュが次のように述べている社会状況が、どのように具体的に現出しうるかを教えてくれているのです。「人生の期待の許容範囲が生まれや婚姻によって制限されている封建的あるいはカストに基礎をおく社会」。まさに、儒教倫理は、身分制によって統御されたカスト社会に於いて生きてゆくために必要な実践規則のことに他ならないのです。

ところが、ここで一つの但し書きが要請されることをいっておかなければならないでしょう。確かに、儒教倫理は人が身分に応じて行為することを教えますが、「身分に応じて」とは個人の立場が生まれてから死ぬまで固定してしまっていて動かないということではないのです。人が子供である状態から、結婚し、子供を持ち、やがて孫をもつようになる。さらに、職業的な地位が上がれば、その都度、人の立場は変わり、親族ネットワークに於ける自分の位置も変わってきます。しかし、対峙する相手次第で、つまり福沢の言葉でいえば、「相依り、相依られ」る関係によって個人の行動が制約されるという点は変わりません。儒教倫理の眼目が、人は「自分の身分を弁え」ることにあるのは、このためなのです。その限りで、このような社会的実践の主体は、身を弁える「身」であって、「個人」ではないことがわかってきます。

Ⅳ

福沢諭吉が明治初期に見た社会は、まさにポール・スタンディッシュが「封建的あるいはカストに基礎をおく社会」とよんだものでした。福沢はこのような当時の社会編制を儒教との連想で考えましたが、少なくとも、彼の考えた儒教においては、人と人が相互的な社会関係によって結びつけられていても、個人が親族関係の媒介を経ずに一気に社会の全体と結びつくということはなかったのです。個人がある家族に帰属するとは、例外なく、親族関係の編み目のなかで一定の位置を占めることであり、個人の位置はその都度関係する相手が占める位置に依存している訳です。したがって、ある人格（person）がそこで自己画定を達成する体系は、一連の人格的関係（personal relations）、すなわち「私とあなた」の関係[21]、の上に築かれることになります。人格的関係ということは、社会関係を作る一方の発話する人格（addresser）と他方の発話を受け取る人格（addressee）の両方が、発話の行為においてお互いを臨在する者として意識しつつ、相手に話したり聞きとる様態のことでしょう。別の言い方をすれば、それは、敬語が機能する関係にあるということでしょう。つまり、儒教倫理においては、社会関係が人格的関係として与えられており、道徳的価値は相手次第で変更されてくるのです。つまり、儒教倫理は優れて対話状況に依存した倫理であるということになります。

そこで、儒教倫理で念頭に置かれている人間関係は「知り合い」の関係であることがわかります。「知り合い」とは、人間関係の連鎖の中に「位置付けられている」ことです。例えば、親戚はすべて「知り合い」でしょう。あるいは、大学時代の友人のお嫁さんの弟さん、という人は、それまで逢ったことがあるかどうかにかかわらず、自分と相手との関係は、人々の間の関係性を頼りに、構成されてゆきます。「知り合い」とは、相手が誰であるかを知っており、相手によって自分が誰であるかが知られている状態に置かれた「他者」のことでしょう。

儒教においては、このように親族間の関係性を媒介にした自己画定の論理が機能しています。例えば、私には子供がありますから、彼らとの人格的な関係においては、私は「父」として自己画定します。しかし、私が自分の母に対する時は、私は当然「息子」として自己画定する訳です。つまり、私のアイデンティティ（同一性）は、私が対峙している相手によってその都度変わってきます。そして、ある親族に帰属するとは、私の地位やアイデンティティが、私が今ともにいる――私と臨在している――対話の相手によって相互的に限定されるという事実に、他なりません。つまり、儒学の言説では、私のアイデンティティは関係的（relational）に限定されてくるのです。このような同一性のあり方は、基本的に「知り合い」の間でしか成り立ちませんし、「知り合い」の間で成り立つ関係性の了解に基づいて、私の同一性は限定されます。つまり、儒学においては、「知り合い」の仲間内で、私は対話論的な関係性において自己画定し、私の人格的なアイデンティティは関係的同一性（relational identity）として与えられるといってよいでしょう。

そこでもう一度確認しておかなければならない点があります。このような儒教的な人間観や社会関係論には、平等という考え方を入れる余地はないという点です。儒教倫理には形式的平等という原則が本質的に欠如しています。しかし、私がこういったからといって、儒学が反権威主義や人々の間の親密さを奨励しないといっている訳ではありません。私がいいたのは、「先王の教え」においては、自由主義的な形式的平等という理念が実働化しない、といっているだけです。というのも、儒学においては、相互的な関係を構成する二人の個人が交換可能な二つの独立した実体として概念化されることが決してないからです。のちに詳しく考察するように、各々の人格の個人性（individuality）が個人が係わる数多くの社会関係の総和として与えられる以上、いかなる個人も他の個人と交換可能な、均質な単位として捉えられることがないからです。儒学が勧める社会観は「知り合い」のネットワークを前提にしたもので、クレディット・カード契約者の共同体やインターネット上の集団とは違って、全体と個のあいだの一義的な関係によって構想されているわけではないからです。

まさにこの理由から、人間の平等の原則を高く掲げたことで有名な福沢諭吉が、平等という理念を日本に導入するためにはまず儒教道徳から人々を解放しておかなければならないと考えたとしても驚くには当りません。にもかかわらず、誤解のないようにいっておけば、福沢は形式的な平等を主張しましたが、人種の位階や職業的な上下関係をも否定した訳では全くありません。もっと一般的な形で敷衍すれば、福沢は競争や仕事の結果、つまりメリット（実績）の結果、社会に導入される不平等や地位の上下を論難したことはありません。基本的に、彼の主張した平等は、機会の平等であり実績主義の平等でした。よりよく教育された人々が知識を持たない人々や才能のない人々より高い地位を与えられることは当然である、と彼は考えていましたし、勤勉と進取の気性を通じて富を築いた人々は富のない人々より当然尊敬され重用されるべきであると、彼は考えていました。その代わり、たまたま有名な父親の息子であるために得られる地位や、高い身分の生まれに由来する特権を、不公正として弾劾するわけです。彼は形式的平等の原則を絶対的に支持していましたが、競争の結果現実に存在する社会的な不平等を弾劾することはありませんでした。

それにしても、形式的平等の原理が福沢諭吉にとって、なぜこれほど絶対的な意義をもったのでしょうか。自己、あるいは彼風の言葉でいえば「一身」に最高の価値を与えることで彼が達成しようとしたのは、個人が親族のしがらみから自由になるような社会的空間を切り拓くことだったのです。あるいは、より概念的に正確なことばでいえば、福沢は、個人が相互的な社会関係に起因する属性から自由になった存在者として措定されるような認識論的パラダイムを樹立しようとしたのです。あらかじめ親族の関係性の編み目の中に捉えられた存在者として把握する代わりに、人間はまずこれらの親族関係から「独立」した自立した個人として措定されなければならないのです。いうまでもなく、形式的平等に関する議論で彼が賭けていたのは、「国民」（民族）という新しい共同性の可能性の条件を準備することだったのです。

既にお分かりのことだと思いますが、ここで福沢が追求しているのは、徳川家を中心として三百余藩の連合体である幕藩体制から近代の議院制王制へと政体が改編された明治維新に代表される日本の歴史だけに限った話ではありません。彼が問題としたのは、一般に近代化と呼ばれる大規模な歴史的な改編の過程であって、それまで親族の系譜の象徴的表現をもって国家主権の正統性の根拠としていた政体が、自立的な主体の集団としての「人口」を措定する能力をもつ新たな国家主権としての政体によって取って代わられるのです。そして、自立的な主体の集団は一方で「個人化」、他方で「全体化」によって達成されることになります。福沢の「自主独立論」はまさに「個人化」と「全体化」を同時に成就しようという、典型的な近代化の議論だったと考えざるをえません。韓国の共和制であろうと、中国の共産党であろうと、台湾の国民党であろうと、日本の天皇制であろうと、時期的なずれがあり、また政策は必ずしも同じではありませんでしたが、東アジアの政権はすべてその統治人口を個人化しかつ全体化する過程を通過してきましたから、福沢の考えた個人化の方向は妥当すると考えてよいでしょう。

ですから、福沢の人間の平等の主張が、個人のアイデンティティ（同一性）は身分の制約から自由でなければならないという要求に伴われていた点を過小評価するわけにはゆきません。人間が交換可能な分割不可能な単位（individuum）つまり個人化（individualized）された個物（individual）として理解されたときに初めて、平等を真に了解できる社会的な空間が現出すると彼は考えたわけです。しかし、自立独立した個人を予想するやいなや、福沢が行なった、「ナショナリチ（nationality）」あるいは「国体」と呼ぶ個人のアイデンティティの新たな定義について私たちは議論せざるをえなくなります。

議論に水をさすように思われるかもしれませんが、ここでも、但し書きをもう一度挿入させてください。というのは、儒教倫理の関係的同一性（relational identity）から個人を中心とする種的同一性（specific identity）のあり方への改編[22]が、そのままで、近代化を表わしていると私が考えていると、判断されると困るからです。関係的同一性が全面的に淘汰され、個人主義が一方的に支配する社会編制に移行する、という仕方で近代化を考える人がでてくることを恐れるからです。というのは、関係的同一性を淘汰することはじつはできないからです。人と人が対話論的な出会いをもち、お互いが臨在する社会関係なしに、人が社会的な人格として育ってゆくことはできないからです。

近代的な社会編制に移行することで起こるのは、関係的な同一性が淘汰されてしまうことではなく、関係的な同一性によって統御された領域が限定されることです。そして、この限定された領域のことを、私たちは普通「私的領域」（privacy）と言い習わしています。「私的」（private）とは、いうまでもなく、「公的」（public）に対比される概念です。関係的な同一性が私的な領域に限定されることで起こるのが、親族関係が新たに家族関係として再定義され、家族と呼ばれる関係的同一性の支配する私的な領域が生成することであるといってよいでしょう。[23] 儒教倫理の関係的同一性（relational identity）から個人を中心とする同一性のあり方への改編が示唆しているのは、「近代家族」の生成なのです。もともと儒教倫理には、「公的」な領域と「私的」な領域の厳密な区別が欠けていて、親族の倫理が全体社会にまで拡張されます。したがって、儒学の最も洗練された形而上学である朱子学では、全世界の倫理秩序がそのまま宇宙の自然秩序として理解されていました。[24] 自然の法則と人倫の法の分離が、未だに、起こっていなかったのです。

では「公的」な領域での同一化の論理には、どのような変化が起こるのでしょうか。そこで問題となるのが「国体」（nationality）です。

V

Nationality と「国体」をここで併記してみたのは、「国体」という言葉が明治初期に英語の nationality の訳語として発明されたからです。「一系万代」（天皇の系譜が歴史の始まり以来の皇室の全世代を通じて綿々と継続しているという前近代の正統性の主張に基づく政体正統化の論理）に表明された宗教と国家の結合――「我邦を金甌無欠万国に絶すと称して意気揚々たる」[25]――に日本の正統性を求める「皇学者流」に反論して、福沢は国民統合のための制度化された「ものの感じ方」が必要であることを訴えます。途切れのない皇室の系譜に加えて、「物を集めて之を全ふし他の物と区別すべき形[26]」が必要なことを彼は説くのです。彼は国民共同体と感性-美学（aesthetics）のあいだの本質的な依存関係を見抜いています。国民共同体とは、種的同一性に則った自己画定のあり方、人々にとってのものの感じ方、他者と自分の関係をどのように空想するか、といった、感傷や情緒の形式に於いて開示されてくる人と人の結びつきに基づく共同体のことなのです。

故に國體とは、一種族の人民相集まりて憂楽を共にし、他国人に対して自他之別を作り、自ら互いに視ること他国人を視るよりも厚くし、自ら互に力を尽すこと他国人の為にするよりも勉め、一政府の下に居て自ら支配し他の政府の制御を受るを好まず、禍福共に自ら担当して独立する者を云ふなり。西洋の語に「ナショナリチ」と名るもの是なり[27]。

「國體」は一定の情緒を通じて実働化し、その情緒は「國體の情」と呼ばれるべきでしょう。

此國體の情起こる由縁を尋ねるに、人種の同じきに由る者あり、宗旨の同じきに由る者あり、或は言語により、或は地理により、其趣一様ならざれども、最も有力なる源因と名く可きものは、一種の人民、ともに世態の沿革を経て懐古の情を同ふする者、即是なり[28]。

この福沢の国体の説明は、ジョン・スチュワート・ミルの nationality と society of sympathy の説明を殆どそのまま日本の状況に当てはめたもので、国体を一方で人種や政府の永続性あるいは他方で言語や習慣の同一性のどちらかに結びつけることで固定化しようという欲望の在処を示していて、大変興味深いものです。福沢は天皇の系譜としての「國體」の解釈を必ずしも否定している訳ではありませんが——そのかぎりで福沢は日本の国民国家を作るうえで天皇制が有用であることを認めています(29)——彼は正統性を考えるうえで、「血統」と「政統」の違いに注意を払い、その後、日本人という国民を作り上げてゆくうえで、様々な人種政策、国家の官僚制の樹立、国民教育制度の樹立、国民言語の制度化、国民的修身など多様な言説に、「政統」（政治的な正統性）の樹立に国体が大きな役割を果たすことを指摘しています。

ところで、nationality は「国忰」や「国民性」、「国籍」などの別の言葉に訳されることが多く、やがて、「国体」という言葉自身は日本政府の厳しい検閲を受けるようになり、一種の禁句となり、福沢が訳した意味では一般には使われなくなります。ですから、日本の近代化において、福沢の国体論が大きな影響力をもったということはできないでしょう。

にもかかわらず、彼の nationality の解釈は、現在に到るまで、様々な「国体」の解釈のなかでも最も本質的な国民社会の理解を示しているといって構わないと思います。他にも、数多くの「国体」の解釈が、法解釈学、宗教論、歴史学、などで提出されてきましたが、これらの解釈は、近代天皇によって象徴的に表現される形而上学的な「国民の統一」を解剖して見せるというより、むしろ、「国民の統一」

を所与のものとして正当化し、合理化し、神秘化する役割を果たしてきたといった方がよいのではないかと思います。[30] 最大の問題点は、「国民」という奇妙な共同体の在り方を自明視した上で、その内在的な論理を対象化することがないのです。むしろ、「国民」という概念を対象化し、分析し、批判することを避けるために国体論が作り出されてきたのです。これに対して、福沢の「国体論」は、国民共同体を作るという観点からではありますが、国民共同体についての最も明晰で説得力のある解釈を明治時代の初めに既に提出していたのです。

日本人のアイデンティティを考えるうえで、日本人という実感や日本人同士の共感を生み出す装置として「国体」がどんなに重要な役割を果たしてきたかを理解する為には、このような歴史に立ち戻ることがどうしても必要なのです。さらに、福沢が、日本群島に住む人々のあいだに日本人という「國體の情」を生み出す為には「自他之別」が必要だと述べている点を看過する訳にはゆきません。「自他之別」とは、国民共同体の内側にいる人と外にいる人たちの制度化された差別、日本人と非日本人の差別こそが日本人を作り出す為の十分条件だと述べている点です。国民は、外国人を作り出すことによってのみ作り出すことができる。日本人は日本人でない非日本人を措定せずには、不可能です。

国民は決して人間一般のことではありません。人間の一部が人間一般から区別されるのでないかぎり、国民が成立することはありません。この立場から、彼は、「自他之別」の重要性を説き始めています。福沢は、キリスト教宣教師が使っていた「一視同仁四海兄弟」という句で天皇制を表わすことをひどく嫌っていましたが、やがて、日本帝国がその領土を拡大し、日本の天皇は日本内地の住民の範囲を越えてその慈悲（同仁）を施すとされ、このように、「四海兄弟」は広く普遍的な多民族統合の原則として鍛え直され、「四海兄弟」に基づく「國體の情」は日本国民の拡大に伴って、日本内地に本籍を持つ者を越えて、広く、帝国住民一般へと拡張されることになります。（のちに、「八紘一宇」というアジア・太平洋戦争中に標榜されて用語を論ずるところで、普遍主義的な全体性と特殊主義的な全体性の違いを再び論じることにしましょう。）

一九四六年に発布された新憲法以前の近代天皇制の歴史において、「一視同仁四海兄弟」の前半部「一視同仁」は天皇の形象と結びつけて連想され、この句によって、天皇と臣民、日本国家と個人化された日本人の関係、つまり彷徨える子羊に慈悲を与える牧人（＝天皇）とそのような牧人からの慈悲を懇願する個人化された子羊（＝天皇の赤子）であるところの国民一人一人の関係、が象徴的に表現されていると考えられていました[31]。もちろん、この権力の構造がユダヤ・キリスト教起源であることは周到に隠蔽されていましたが、合州国政府が日本占領にあたって、天皇制を日本支配の道具として利用するために温存する過程で、天皇制の「牧人権力」としての性格[32]は、計らずも開示されてしまいます。

徳あるいは倫理原理として平等という価値が現出することと、明治国家において天皇制が導入されることの間に因果関係を積極的に認めようという気は私にはないのですが、理念としての平等は、今挙げた個人と全体（天皇によって象徴されていた）の関係の形象を背景にして人々にとって理解可能になったのではないでしょうか。つまり、当初から、天皇制は一種の牧人権力として導入されたと考えるべきでしょう。

ただし、ここで三番目の但し書きを挿入させてください。もちろん、「牧人権力」はミシェル・フーコーが発明した概念で、この概念を出発点として彼は「生権力」（bio-pouvoir）の議論を展開しました。なお、フーコーが「牧人」権力を語ったのは、主として古代エジプト、古代ユダヤ教とキリスト教などのアジアの伝統についてであり、彼の解析した「牧人」権力がそのまま近代天皇制に当てはまるわけではありません。なぜなら、フーコーの分析では、牧人と信徒との関係は、未だに、対面的な「私とあなた」が臨在する人格的関係と考えられているように思われるからです。したがって、彼の考察は、告解や精神分析のような人格的な関係の制度の分析に向かってゆきます。ところが、近代天皇制は、このような人格的な関係の欠如の上に成り立っています。対面的な牧師と信徒の関係は、複製技術や近代教育制度を媒介にして、天皇と個人の空想的な関係にその制度化の基盤を求めているからです。厳密にいうと、天皇と臣民の関係は人格的な関係ではなく、空想の中でのみ、対面的な我と汝の間柄として機能します。つまり、構想力の技術が大変に重要な役割を果たし始めるのです。国民共同体の成立には感性-美学的（aesthetic）技術が大きな役割を果たしますが、空想は国民的な自己画定で重要な契機となるので、改めてのちに、論じてゆきましょう。[33]

ここまで私は、もっぱら、十九世紀日本で実働化した新しい社会正義について語ってきましたが、しかし、ここで展開した議論は東アジア、西ヨーロッパ、そして北アメリカなどの異なった歴史的文脈においても妥当するのではないかと密かに考えています。

VI

そこで、改めて、戦後日本の国民主義に注目してみましょう。そのためには、牧人権力のもつ二つの契機をもう一度検討してみる必要があります。一つは、個人化の契機で、天皇の眼差しの下で人々は個物化され、社会的な様々な地縁・血縁的な結びつきから隔離されることになります。社会構成の原理が関係的同一性から種的同一性に移行することと、個人化の原理は全く矛盾しません。このように「知り合い」の繋がりから切り離され、一人一人が孤独な存在者として捉えられることこそが、これまで検討してきたように形式的平等の必要条件になっていたわけです。「一視同仁」とは「一つのまなざしの下で、同じ慈愛を受ける」ということですが、個物化されることと、平等という理念が実働化することとは、少なくとも権力という視座からみる限り同じ事態の二つの側面を意味しているのです。いうまでもなく、このまなざしは天皇のもので、ここでは、牧人が群れの羊一匹一匹の面倒をみるように、天皇は彼の国民の一人一人に庇護の眼差しを注ぐことになります。

この全体化と個人化の原理が同時に作動しているかぎりで、天皇の前では、国民の一人一人は平等でありかつ共同体としての国民に直接帰属する個人なのです。したがって、天皇の慈悲は差別しません。まさに天皇の慈悲が個人化されているために、天皇の前では国民の一人一人が「同仁」つまり同じ慈愛を期待できることになるのです。「彷徨える子羊」つまり地縁・血縁の絆から切り離されてしまった、放浪する「孤独な」個人に、牧人の眼差しは、直接に且つ選択的に届くことができる。まさに、孤独であることを通じて、孤立した個人は天皇に抱擁されるのです。

これに対して、二番目の全体化の契機はどこに求められるでしょうか。羊一匹一匹からなる群れが一つのまとまりとして統御されるのは、牧人の存在によります。牧人の配慮あるいは気遣いがなければ、羊たちは迷ってしまい、ばらばらになってしまうでしょう。ということは、羊たちが群れを作りひとまとめになるのは、牧人の気遣いと周到な配慮があるからです。すなわち、天皇は群れの全体（＝国民）を統括しますが、彼のまなざしは国民一人一人に注がれていると同時に、国民一人一人にもれなく注がれることによって、群れを一つにまとめあげていることになります。一人一人の彷徨える小羊にとって、牧人の眼差しは小羊の個物性そのものを注視していて、だからこそ、牧人はたった一人の小羊のためにも自分の身の安全を冒してまでも、救おうとするのです。牧人は、一人の小羊のためであっても、自分を犠牲にする用意があるわけです(34)。牧人は群れの全体をその総体性において表象するわけではありません。むしろ、個々の羊が、他の羊から隔離されてしまっている、分散されてしまっている、という事態において、群れを全体化するわけです。つまり、群れの全体は、個々人の内面において、自己の孤独を媒介にして、牧人に無媒介的に帰依するとき、他の個人とは孤立してしまっているという事態の中に、牧人の形象を通じて現出するわけです。

つまり、「領土的国家主権」（territorial state sovereignty）という近代国家の特有の原理が、天皇の形象に集中的に象徴されているわけです。ということは、国民の統合の根拠は天皇の存在以外には求められないということです[35]。

「一視同仁」の修辞は全て消去されましたが、戦後の憲法には国民統合の根拠としての天皇像は温存されました[36]。しかし、全体としての国民の存在と天皇の存在を直接結びつけて論じられることは、ほとんどなくなりました。これに対して、戦前の天皇観では、国民という集合体は天皇の存在に直接根拠をもつことになっていました。「日本国民」とは天皇の「一視同仁」の仕組みの中で自己画定する者の総体のことであって、天皇の存在とは独立に「日本国民共同体」が歴史的に実在したとは考えられていなかったのです。その限りで、沖縄、台湾あるいは朝鮮半島の住民も、すべからく「天皇の赤子」でした。アジア・太平洋戦争後期に「大東亜新秩序」を正当化するために近衛内閣によって喧伝された「八紘一宇」はこの間の事情をかなり正確に表明しています。もともとこの句は日本書紀の「掩八紘而為宇」から来ているとされていますが、ここでは天皇の庇護によって集合する羊の群れの位置は開放的に捉えられています。「八紘」とは、八つの方向、つまり、北―北東―東―南東―南―南西―西―北西のことで、全方向に広がっているということでしょう。これらの多方向に広がった地域の人々を全て一つの屋根の下に治めるということですから、国民とは天皇が統合する限りの集団であり、その集団の範囲は未定であることが、表明されているのです[37]。

明らかに、帝国主義的な支配を目論んだこの全体化の構想は、日本国民の範囲を拡張し、征服して人口を国民に繰り入れる戦略を予想しています。しかし、国民の範囲は限定されておらず、究極的には天皇の意向に依存するわけで、天皇の眼差しの下で自己画定する限り、これらの個人は天皇によって全体化されることになります。

明治以降に出来上がった近代主権としての日本国家の歴史を考える限り、「八紘一宇」という標語に表明された天皇像は、戦前の日本国家のあり方と矛盾するものとはいえないでしょう。つまり、日本国家の主権が統括する領土が拡張するに従って、沖縄、北海道、台湾、朝鮮半島、満州などの住人も次々に日本国民へと登録されていったわけで、日本国民という国民の全体は融通無碍に拡張することが可能だったわけです[38]。そして、それらの併合された領土の住民と天皇は「一視同仁」によって象徴された関係の下にあるとされたわけで、「天皇の赤子」として日本国民に統合されていたことになっていたわけです。その限りで、大日本帝国憲法下の日本人は多民族国民という性格をもたざるをえませんでした[39]。

周知のように、第二次世界大戦において日本は敗れ、多民族国民国家としての日本帝国は崩壊しました。敗戦の結果、「国体の情」はいわゆる単一民族の神話を基礎にして再構成されます。「皇国史観」や日本人論という一時期流行った議論で繰り返された、「我々日本人」が古代以来綿々と存在してきたという議論は、日本国民の起源を過去に求めるものですが、福沢諭吉の国体論、そしていうまでもなく彼の本家であるジョン・スチュワート・ミルの「国民」論でも、このような過去に遡行する国民共同体の正当化の論理はすでに予想されています。国民を作るうえで国民史がいかに重要かを、福沢はミルに習って、強調しているのです。すなわち、「我々日本人」が古代以来綿々と存在してきたという意識そのものが、「國體の情」が社会的に普及するための格好な前提を提供するわけです。ですから、このような過去を国民の過去とみる神話的な意識が、国民を制作する（nation building）うえでとても役に立つということは判っていました。なぜなら、国民とは、神話的な空想によって成り立つ共同体だからです。にもかかわらず、ここで見逃すことができない事実が一点あります。福沢が熱情的に「國體之情」を論じてきた理由の一つは、これまでみてきた通りですが、「日本人という国民をこれから作り出されなければならない」ということですが、国民あるいは民族としての日本人はまだ居ないという冷徹な認識を前提にしなければこのような発想は意味をなしません。[40] 日本国民とは、彼が『文明論の概略』を書いていた時点では、未来に想定された共同体に過ぎませんでした。少なくとも明治初期には「日本人」が存在するとは考えられていなかったわけです。ところが、一九四五年の日本帝国の喪失のあとでは、状況は全く違っていました。今日、日本国民を作ろうと真剣に考えている知識人は皆無でしょう。というのは日本に居を構えているほとんど全ての人が日本人という国民が既に存在してしまっていると考えているからです。

　これまでミシェル・フーコーの牧人権力を「導きの糸」として分析を進めてきたわけですが、ここまで来て、牧人権力と天皇制の間にある、大きな違いを無視することができなくなります。つまり、ここで、国民をどのように限定するかという問いに直面せざるをえなくなるのです。

　牧人と彷徨える子羊の群れの比喩による限り、羊の群れの全体を措定することが困難な課題を課してくるようには見えません。この比喩では、牧人は羊たちに臨在していると考えられるからです。ところが、この比喩を、天皇の眼差しの下に孤独でありつつ、しかし、その孤立を通じて天皇と空想の上で対峙する個人の集合に応用するやいなや、私たちは難しい問題に直面してしまいます。個人の集合は国民共同体にあたるものでしょうが、その量的な規模において、国民共同体は羊の群れとは比較にならないほど、大きなものです。さらに、この個人の群れが散在する地理的な広がりは、牧人の一望の下に収まるような規模ではありません。ヨーロッパのルクセンブルクやアジアのシンガポールのような小国であっても、国民の規模は一目で観れる範囲を超えているだけではありません。「国民」は「知り合い」の共同体ではなく、それは「見ず知らずの者」の共同体なのです。つまり、国民の全体は、形象として想像的に措定するか、あるいは、内部と外部を弁別する方式を設定して差別的に選別してゆく以外にはないはずです。国民共同体のような有限な全体性は、その外部を実定的に限定するのでない限り、画定することはできないのです。

いわゆる宗教が語る全体性には、このような国民共同体を画定する手段が欠けています。国民共同体は、人類愛の共同性とは異なっています。ちょうど、近代国家主権が、領土性という国境によってその外部の土地と内部の土地を分離する装置をもっているように、国民共同体は外国人と自国人を差別する手段を備えていなければなりません。一方で牧人権力を受容しつつ、福沢諭吉がキリスト教に反発する理由の一つがここにあり、彼が「自他之別」を強調するのはこのためです。彼は次のようにキリスト教を批判しています。

元来耶蘇の宗教は永遠無窮を目的と為し、幸福安全も永遠を期し、禍患疾苦も永遠を約し、現在の罪より未来の罪を恐れ、今生の裁判より後世の裁判を重んじ、結局今の此の世と未来の彼の世とを区別して論を立て、其説く所、常に洪大にして、他の学問とは全く趣を異にするものなり。一視同仁四海兄弟といえば、此地球は恰も一家の如く、地球上の人民は等しく兄弟の如くにして、其相交るの情に厚薄の差別ある可らず。四海既に一家の如くなれば、又何ぞ家内に境界を作るに及ばん。然るに今この地球を幾個に分ち、区々たる国界を設け、人民各其の堺内に党与を結て一国人民と称し、其党与の便利のみを謀らんがためにとて政府を設け、甚しきは凶器を携へて界外の兄弟を殺し、界外の地面を奪い、商売の利を争うが如きは、決して之を宗教の旨という可らず。[41]

そしてキリスト教宣教師の語彙を毛嫌いすることの背景には『文明論の概略』執筆の動機そのものが控えているのです。

云わく、目的を定めて文明に進むの一事あるのみ。その目的とは何ぞや。内外の区別を明らかにして我本国の独立を保つことなり、而して此独立を保つの法は文明の他に求む可らず。今の日本国人を文明に進るは此の国の独立を保たんがためのみ。故に、国の独立は目的なり、国民の文明は此目的に達するの術なり。[42]

福沢は断固として国民主義の立場から「四海兄弟」の句を拒絶しています。つまり、彼にとってキリスト教のもつ普遍主義的な志向は、近代国際世界の現実を無視していて、近代世界の現実を無視するとき、日本のような近代への途についたばかりの小国は、植民化の運命から逃れられないことはほとんど自明だったからです。つまり、彼は、キリスト教に内在する植民地主義的な志向に警戒を表明しているわけで[43]、近代の植民地主義はほとんどの場合、キリスト教の宣教を口実として遂行されてゆきました。

しかし、福沢は国民主義の立場を取ると同時に、次のような引用で『学問のすゝめ』の冒頭を飾っていることを忘れることはできません。「天は人の上に人を造らず人の下に人を造らずと云へり。」

Ⅶ

少なくとも私に関していえば、戦後日本社会と人種主義について議論するために必要な手持ちのカードはテーブルの上に置かれた、といってよいでしょう。しかし、残念ながら、すでに与えられた紙面を大幅に超過してしまっているので、本稿で戦後日本社会について直接に論じる余裕がありません。そこで、簡単に、議論の見通しを素描することで、結論の代わりとさせてください。

福沢諭吉が鋭く見抜いたように、国民国家が成立するにつれて、人間一般に対して特定の人間の種類――人類（human beings in general）に対して種族（particular human beings）あるいは民族と呼んでよいでしょう――が「国民」あるいは「民族」として分離されてきます。言い替えると、「国民」の成立は、一つには、平等という理念がその編制原理とされるような社会編制の成立を告げています。「國體之情」によって結びつけられた国民共同体においてのみ、平等は実践的な原理として広く人々が受け容れるようになると考えられてきたのです。そして、福沢がこの点でも鋭く見抜いたように、国民は「自他之別」、すなわち、自国人と外国人をきっぱりと差別するかぎりでしか維持できません。国民国家のこの論理を極限まで推し進めてゆけば、自国人には人間としての権利を認めても、外国人にはそのような権利は認められない、つまり、自国人だけが法的には「人間」であり、外国人は人間ではないという、「国民人間主義」の立場に行き着くはずでしょう。

国民人間主義には、重要な国民共同体の原理が隠されています。それは、国民共同体が、「死の共同体」として成立してきたからです。つまり、国民であることには、同じ国民の仲間を守るためには外国人を殺す覚悟をもつ義務が含まれます。日本の場合、幕藩体制では、人口の五％たらずの武士階級に限られていましたが、前近代の政体では、武器をもち戦闘をする権限・義務は、人口の一部に限られていました。ところが、国民共同体の理念が導入されるや否や、国民皆兵の義務が、男性の人口の全てに課されることになります。（のちに、兵役は、イスラエルのような国民国家では、全人口に敷衍されることになります。）つまり、国民に帰属するためには、人は外国人を殺し、自国人を守るためには自分が死ぬ覚悟をする責務を受け入れる必要が出てくるのです。周知のように、かつての国際法によれば、国家による命令によって外国人を殺害することは、殺人罪を構成しませんでした。すなわち、国際法による限り、外国人は「人間」ではないのです。まさに、この意味で、国民は「死の共同体」です。

国民共同体は平等の基盤ですが、この国民共同体を支えるものは外国人差別なのです。そして、領土的国家の主権（territorial state sovereignty）を基本原理として成り立っているウェストファーレン条約（一六四八）以降の近代国際世界（international world）では、近代的な国民国家は一つ以上の国籍をもつ個人や国籍をもたない個人を異常性として看做す傾向が蔓延ります。(44)つまり、福沢が考えたような「国体」とは、国籍を共有する個人が作り出す共同体の結合原理ですが――国籍という言葉は国体と同じようにnationality の訳語であることを再確認しておきましょう――国体は国民の間の平等を約束すると同時に外国人に対する差別も約束するのです。つまり国体によって統御された自己画定（identification）の方式なしには、個人が国民や、民族あるいは人種に自らを画定することはありえませんが、同時に、それは外国人への差別を媒介にして自己画定をすることでもあるのです。このようにみてくると、社会正義を考えるうえで、国民共同体における平等の理念を無制限に肯定することができなくなってくるのが判ります。と同時に、国民に自己画定するとき、そこでは、外国人への差別なしには画定が成就しないこともわかってきます。外国人への差別を媒介にして国民的な自己画定が遂行されるからです。

では、なぜ外国人への差別を媒介にせずに、国民への自己画定が成就しないのでしょうか。以上に述べた国民共同体との連関で、私がなぜこのような質問をしたのかを少し解説しておいた方がよいかもしれません。というのは、これまで明治期に導入された「国体論」は、現在の社会で私たちが直面している人種主義の問題を考える上で、多くの示唆を与えてくれるからです。

ここで、私がこの報告の冒頭でポール・スタンディッシュの言葉を引きつつ、提示した「全ての人間」という句に戻らせていただきます。社会正義を考える上で平等は私にとっても、欠くことのできない要請です。しかし、この平等は国民のあいだの平等であってはならないと思います。ここで問われている「全ての人間」は日本人やイギリス人、あるいは西洋人や東洋人でさえない。とりあえず、「全ての人間」とは移民——国境を横切る者たち、国体の情をもつことのできない者たち、国民に自己画定しない者たち——のことである、と想定させてください。

そのかぎりで、「社会正義」は平等の普遍主義を承認する者のあいだで論じられなければなりません。しかし、平等と普遍主義には問題がないわけではありません。すなわち、人種主義は平等の普遍主義に反対し、矛盾する政治的立場ではなく、むしろ平等の普遍主義を補足するものだからです。エティエンヌ・バリバーは平等と人種主義の関係について、画期的な分析を四半世紀前に発表しています。私にとって、バリバーの見解は人種主義と国民国家を考える上で、決定的な重要性を持つものなので、少し長くなりますが、引用してみます。

> 近代の人種主義にはいくつかの構造的な条件があるが、それらの条件のうちに、人種主義が発達する社会は同時に平等を建前とする社会であり、この社会では個人間の身分の差は公的には無視される建前になっている、という事実を入れておく必要があるとしても、（とくにL．デュモンによって主張された）この社会学的仮説はこの仮説が検討される国民社会の環境を度外視して論じることはできない。別の言い方をすれば、平等主義的なのは近代国家ではなく、むしろ（国民主義的な）国民国家の方である、ということになり、この平等主義社会における平等の限界は、その国民社会の限界に他ならなくなるのであり、その本質において、（普通選挙と「国籍」を

通じて）国民社会を限定する行為によって樹立されることになるだろう。つまり、国民社会の平等とは、何よりもまず、「国体」〈国民の結合の意識そのもの〉にかんする平等のことなのである。[45]

今問われなければならないのは、「国民」の視座からみられた社会正義ではなく、まさに「移民」の視座からみられた社会正義としての平等ではないでしょうか。

戦後日本社会の国民主義を論じるためのいわば助走路がどうにか出来上がったところで、本稿を閉じなければなりません。最後に簡単に、戦後日本社会を主題的に機会に論ずべき観点を列記しておきます。

1）戦後日本社会では、次のような変化が起こります。日本国民の全体性が、融通無碍なあり方から実体化され、本質的なものへと変化すること：日本国民が、あたかも、歴史的な変化を通じても永続する実体のように考えられてくること：皇国史観は、近代日本国家の存続を、天皇家の血統の連続に根拠つけましたが、戦後の日本の国民主義は、皇国史観を密かに継承し、天皇家の血統ではなく、日本人の人種的純血性にその根拠を求めることになります。戦後日本社会における日本国民の全体性は、人種の個物性（individuality）によって与えられることになるわけです。この変化に伴い、戦前の日本社会にはみられたタカシ・フジタニが「上品な人種主義」（polite racism）が見られなくなり、戦後日本社会では「下品な人種主義」（vulgar racism）だけが残ることになります。[46]

２）戦後日本の人文・社会科学で起こる顕著な現象に、文化概念の変容が挙げられます。「文化」という概念が、個人の自己可塑性を統制する理念の性格を奪われ、国民共同体の集団的統合原理へと移行します。すなわち、個人の「教養」としての文化（Bildung）から集団に均質に存在する、言語における文法のような体系性としての「文化」へと、変わってしまうのです[47]。日本人の全体が、融通無碍な拡張する政治的統合体から、自然に与えられて均質化された共同体へと変化することになります。民族の実体化と、文化の実体化が、こうして平行に進行することになるわけです。

３）その結果、戦後日本では「日本文化論」が繁盛することになります。そこで、「日本文化論」には二つの異質な文化概念が並存していて、この二つの異なった文化概念は、それぞれ、文化の認識に関わる主体的立場の違いに対応することに注意しておきましょう。一つは、文化を対象化し、文化をその外部から観察・記述する者の立場であり、もう一つは、その文化の中に生き、自ら自分が生きている文化を対自化できない原住民の立場です。この二つの立場は、絶えず自己超出する近代的な人間（humanitas）と自分の文化を超出できない伝統的な人間（anthropos）として要約できるでしょう[48]。自己可塑性を前提とする文化では、「文化」は固定的に考えられません。なぜなら、文化（＝教養）とは自己変革・自己生成の能力に他ならないからで、そのような「文化」は絶えず歴史的に進化することになります。これに対して、伝統的な人間の担う文化は内在的な変化の動機に欠けており、外部からの強制がない限り変化しないことになります。この二つの文化観は、社会学（われわれの社会の研究）と文化・社会人類学（かれらの社会の研究）の違いに対応しており、一方は「歴史的な社会」を他方は「無歴史社会」を研究することになります。

4）日本の文化を研究するにあたって、文化人類学における「文化」を範型とするために、文化が観察者［＝文化人類学者］のものではなく、被観察者［＝原住民］の行動・情緒などを規制する規則の体系として捉えられてしまう。日本の文化を歴史を持たない社会の文化として考察しようとするようになります。教養としての文化においては、個人は自己変革の可能性をもち、絶えず変化してゆくことが期待されていました。これに対して、集団的な「文化」は被観察者の集団的な共通性を表し、ちょうど言語における文法概念に対応するかのように、個人の意思によって変えることができない集団的な規則の体系と考えられることになります[49]。このような原住民の「文化」は、時に、「国民性」（nationality）と呼ばれることになります。教養としての「文化」では、個人の創意・変革が認められていたのに対し、集団としての「文化」では、このような個人の創意は無視されてしまうのです。

5）その結果、集団的な「文化」を担う被観察者は、社会のしきたりや合意に逆らうことのない、個人的な創意を欠いた伝統的な人格と考えられることになります。文化人類学に典型的に現れたこのような「文化」論では、観察者と被観察者が、対照的な立場を占めることになります。それを最も極端な形で言い表したのが、「歴史的」な近代人と「伝統的」な原住民という二項対立であり、日本国民は「原住民」の立場を与えられることになります。主として、「近代化論」を担ったアメリカ合州国の地域研究者は、近代的な「文化」を担う「西洋人」を自認するのに対して、日本国民は伝統的な「文化」を担う「原住民」として自己画定することになり、知の生産における植民地主義体制が見事に樹立されることになるのです。

6）「日本文化論」はこのような植民地体制における植民地原住民の立場を内面化した日本人を自認する知識人によって担われることになります。「日本文化論」は、その主体的立場の配置において、地域研究への反動として解釈することができ、地域研究は「西洋と残余の言説」(the discourse of the-West-and-the-Rest) を枠組みとして継承しています。そこでは、日本は、最も典型的な「残余」の事例として機能しつつ、他方で、最も「近代化された」非西洋社会として賞賛されることになります。「日本文化論」は、典型的な原住民（最も優秀な原住民）を自ら演じてみせることで、西洋人を自認する地域研究者の欲望を先取り的に満足しようとする、植民地原住民の役割を果たそうとする一種の「同一性の政治」(identity politics) の表現といえます。つまり、「日本文化論」が示す国民主義は、植民地主義に付随する被植民地者のための国民主義であり、この国民主義は植民地宗主国によって与えられた国民主義なのです。

7）残余 (the Rest) と西洋 (the West) の二項対立は、歴史的に変化しない日本人対歴史的に絶えず変化する西洋人を措定し、この二項対立は日本文化論の極端な形態である「日本人論」の基本形を形作ることになり、さらに日本国民の全体性を実体的に措定する役割を担うことになります。戦前の標語「八紘一宇」に表明された包摂的（integrationist）かつ拡張的（expansionist）な国民主義は完全に放棄されたといってよいでしょう。その結果、日本人の範囲が実体化されるために、実際には数多くの移民が戦後も旧植民地から流入し続けたにもかゝわらず、移民受け入れの可能性が完全に拒否されてしまう。つまり、外国人をいかにして日本人にするか、という問題意識そのものがなくなってしまっているのです。移民を含まない国民国家が近代世界に存在できるとは思えないのですが、戦後の日本社会では移民という発想そのものが禁忌となってしまっているために、移民の対策あるいは移民の国民化といった政策を論じるための基盤そのものが否認されてしまっているのです。経済的な政策や社会学的な移民問題論が存在しても、憲法と移民政策の結びつき、移民政策と国民主義の批判的検討を考えることができなくなるのは、このためなのです。

8）戦後の日本の国民主義は、こうして、合州国との植民地体制を前提にして作り出されました。したがって、日本の国民主義に合州国の帝国主義に対立する、あるいは矛盾する契機を求めることには無理があります。パックス・アメリカーナの下で日本の国民主義は成立しており、パックス・アメリカーナの終焉は、むしろ日本の国民主義に危機をもたらすのではないでしょうか。さらに、五五年体制以降、日本の政治を独占してきたA級戦犯に主導された保守勢力は、その基盤を失う可能性が大いにあると思われます。日本の国民主義と合州国の覇権とは、共犯関係にあるのであって、戦後の天皇制ほど、この共犯関係を如実に示してくれているものはないのです。

（1）二〇一一年一二月一七日に京都大学において開催された「翻訳、主体性（主観性）及び多文化理解」をめぐる国際シンポジウム。

（2）ここで「正統性」（legitimacy）についての私の了解を簡単に述べておきます。「正統性」は、権威や財産の移管や分配に関する合理化の根拠を表わす概念です。最も卑近な例でいうと、正統性は、子供が親の財産を相続する時に、相続を正当化するあるいは非正当化する原理として働きます。昔は、父あるいは母の財産を合法的に相続できるのは、父と母の婚姻から正式に生まれた子供に限られていました。そして、英語では、父と母の婚姻から正式に生まれた子供のことを「正統な子供」（legitimate child）と呼んでおり、父と母の婚姻から正式に生まれていない子供のことを「正統でない子供」（illegitimate child）と呼んでいたわけです。「正統でない子供」には、財産や権威を継承する権限はないとされました。つまり、正統性は、親族に於ける権威・財産の移譲を統括する正当化原理のことを指しました。王制、天皇制、藩政はいずれも、正統性にその合理的根拠を仰ぐ政体です。ところが近代になると、正統性のあり方は大きな変化を遂げます。まず、国家の権威の移譲は、親族に於ける権威の移譲を統括する原理から切り離されます。政権が移譲されたとき、前大統領や前首相は新大統領や新首相の親族である必要は全くありません。そのかわり、新しい首相はその正統性を選挙という手続きに仰がなければならない。つまり、「正統性」という概念そのものが、前近代と近代との間で、革命的な変化を遂げるのです。

（3）近世日本思想史で傑出した仕事をおこなった歴史家の一人である安丸良夫は、百姓一揆に於ける「通俗道徳」（社会上階級ではなく中間層あるいは下層の人民の思想当為）の分析をおこなっています。私の百姓一揆の理解は、安丸の仕事に負うところが大です。安丸良夫『日本の近代化と民衆思想』（東京：青木書店、一九七四)。

(4) 広田昌希は平等という理念が社会的に受け容れられた原則として出現する過程を『日本近代思想体系：差別の諸相』(東京：岩波書店、一九九〇) の解説で論じています。

(5) 平等が形而上的な理念であるという点は、少し考えてみれば、わかります。性的な少数者 (例えば、同性愛者、両性愛者、無性愛者などのいわゆる異性愛者 (ヘテロ・セクシュアル) の範疇に収まらない人々) の平等が問題となってきたのは、ごく最近のことです。それまで、性的な少数者の平等の権利は、社会的に看過されてきたわけです。性的少数者に対する差別が差別として——つまり平等の蹂躙として——認識されることがなかったわけです。このように、平等が改めてどのような経験的な内実をもつかは、歴史的な実践を通じて決定されるもので、平等をあらかじめ既知の権利として考えることはできません。何について平等を主張するかは、全く歴史的実践に任されているために、理念としての平等には汲み尽くすことのできない価値があります。平等の理念ほど、歴史とはポイエシス (作り出すこと) であることを如実に示してくれるものはないでしょう。

(6)「国民」と「民族」をほぼ同義に扱っていますが、これは、共同体の形式としてみるとき、「国民」と「民族」は同型と考えられるからです (このほかに、のちに論じるように、「人種」も同型です)。この二つの概念は、ともに、英語の nation の訳語ですが、両者の違いは普通各々の共同体と国家との関係にもとめられます。「国民」は国家によって認定された個人としての国民の共同体として定義されますが、「民族」は国家による認定以前の共同体と考えられるのです。したがって、国家主権の樹立以前には——たとえば反植民地主義闘争では——その運動の根拠は「国民」ではなく「民族」ということになります。しかし、この二つの概念の違いは曖昧なもので、戦前の日本でも、また現在の韓国や中国でも「民族」は「国民」の意味で使われていることは周知でしょう。

(7) もちろん、名詞あるいは動詞・形容詞としての subject はそれ以前から使われていますが、近代的な主観性、主体性の意味で使われることはありませんでした。その代わり、「～に従属する」あるいは「～の臣民である」という意味で使われていますし、「〜の下にある」の意味でも使われていました。

(8)「主体性」と「同一性」は全く異種の概念であることを確認しておきたいと思います。主体性は時間的な変化を内在させた概念である以上、同一性には還元できません。同一性を「ＡがＡであること、つまりそれ自身と回帰的に同一であること」ならば、「主体性」はそのような同一性の欠如を意味しているからです。

(9) いうまでもなく、ワルター・ベンヤミンの「空虚な時間」という考え方を国民共同体の時間に応用したのは、ベネディクト・アンダーソンでした。Benedict Anderson, *Imagined Communities: Reflections on the Origin and Spread of Nationalism*, London: Verso, 1983.

(10)「儒教」という名称は、明治期になって採用されてものであり、ヨーロッパの学問の世界で使われていた「宗教」の一つとして儒学を分類した時に初めて可能になったものです。すでに、「宗教」概念の批判的検討は日本でも始まっていますので、「宗教」の一つとして儒学を扱うべきかは、慎重に考慮する必要があります。

(11)「宗教」(religion) 概念の歴史性と植民地主義権力とのかかわりについては、今や古典的な作品となった Talal Asad の Genealogies of Religion–Discipline and Reasons of Power in Christianity and Islam (Baltimore & London: The Johns Hopkins University Press, 1993) を参照してください。また、日本の宗教学においては磯前順一の多くの論考があります。例えば、『近代日本の宗教言説とその系譜』(東京：岩波書店、二〇〇三) あるいは『宗教概念あるいは宗教学の死』(東京：東京大学出版会、二〇一二) があります。

(12)「徳育如何」福沢諭吉全集　第五巻　東京：岩波書店、一九五九：三四九―三六四

(13) 国権論とは今風にいえば、主権を論じたもので、福澤は近代国家が、領土的国家主権 (territorial state sovereignty) に基づいており、領土的国家主権は国際法によって正当化されていることを了解していました。儒学者に欠けていたのは、このような主権の概念と主権に基づいて成り立っていた近代国際世界についての理解だったのです。ここで述べられている儒学者の批判は、暗に朝鮮半島における李王朝、中国大陸に

おける清王朝の批判となっていることはいうまでもありません。

(14)「徳育如何」、同上、三六二

(15)「徳育如何」、同上

(16)福沢諭吉が英語の individual の翻訳に苦労したことはよく知られています。試行錯誤を経て、定訳としての「個人」が受け入れられることになったわけです。

(17)『学問のすゝめ』福沢諭吉全集　第三巻：四二―四七

(18)つまり、儒学の歴史を国民史の枠内で語ることには、私は疑問をもっています。儒教が盛んだった時期が、前近代の国民国家の成立以前であったことがそのひとつの理由ですが、より重要なことは、儒學の言説が「国民」や「民族」という編制を許容しない点です。儒学は非国民的な教説なのです。しかし、拙著『過去の声』(*Voices of the Past–the Status of Language in Eighteenth Century Japanese Discourse*, Ithaca & London: Cornell University Press, 1991)［邦訳『過去の声―日本の十八世紀の言説における言語の地位』(東京：以文社、二〇〇二)］でも論じたように、十八世紀の漢学の言説が興味深いのは、その言説編制の変更を通じて、「国民」や「民族」という編制が可能になってきたことです。

(19)より歴史的に厳密な議論としては、拙著 *Voices of the Past–the Status of Language in Eighteenth Century Japanese Discourse*(前掲)を参照してください。この著作において、儒學内部における革命的な変化と国学の展開を分析しています。

(20)ここで「構想」という概念を用いたのは、このような組織が成立する上で、構想が核心的な重要性をもつからです。構想とは、構想力で使われる構想で、英語で imagination を意味します。また、「文化」はもともとドイツ語の Bildung の訳ですが、これも想あるいは像を意味する Bild に係わります。つまり、「構想」あるいは「想像」を核にして成立する共同体がここで問題にされているのです。

(21)エミール・ベンベニストは、人称の研究で、一人称と二人称を人称(personne)と呼び、三人称を含めていません。(Émile Benveniste, *Problèmes de linguistique générale*, Paris: Gallimard, 1966)本稿での「人称」とい

う用語の用法は、ベンベニストのこの見解に賛同しています。なお、明治期の言文一致という制度の成立にとって、三人称単数の話法の発明は決定的な重要性をもちますが、別の機会に、関係的同一性から種的同一性への変換とのかかわりで、三人称単数の話法を考察したいと考えています。

(22) 既に別のところで何度か述べているのですが、「種的同一性」について簡単に概念規定をしておきます。先に挙げた保険契約者やクレディット・カード契約者の共同体のように、個人はその全体（保険会社やクレディット・カード会社によって代表される）との関係によって彼あるいは彼女がその共同体に帰属することを保証されます。つまり、個人はその共同体に、茄子が被子植物門茄子科茄子目茄子属に帰属するように、あるいは猫が食肉目猫亜目猫科猫属に帰属するように、古典論理学でいう「類」と「種」の分類原則に則って、帰属することになります。ここでは、個は共同体の全体「種」に無媒介的に、一気に帰属することが保証されるのです。

(23) 「親族」と「家族」を厳密に分けるのは、このためです。「家族」は、「公的な領域」を予想しつつ、「公的な領域」とは分離された社会的な空間を指示します。したがって、「家族」は近代的な社会編制においてのみ存在します。

(24) 中世キリスト教の宇宙論においても同様な事態が存在したことが、フランツ・ボルケナウによって指摘されています。（Franz Borkenau：*Der Übergang Vom Feudalen Zum Bürgerlichen Weltbild*, Paris：Felix Alcan, 1934）（『封建的世界像から市民的世界像へ』水田洋他訳、東京：みすず書房、一九六五）社会的な道徳としての法と自然の恒常性として法とが分離されていないわけです。周知の通り、この見解は丸山眞男が中国儒教の前近代性に対する日本儒教の近代性を論じるために援用しました。（『日本政治思想史研究』東京：東京大学出版会、一九五二）

(25) 『文明論の概略』（初版一八七五年刊）福沢諭吉全集、第五巻、東京：岩波書店、一九五九：四三

(26) 同上、三七

(27) 同上

(28) 同上

(29) 後に触れるように、この福沢諭吉の現実的な判断は、アメリカ合州国の政策決定者に引き継がれたといってよいでしょう。日本占領を研究した合州国の政策決定者は、日本の統合を保ち、日本を統治する上で、天皇制が掛替えのない価値を持っていることを認識していました。この点についての詳しい説明は、拙稿"Trans-Pacific Studies and the US-Japan complicity" in *the Trans-Pacific Imagination–Rethinking Bounday, Culture and Society*, Naoki Sakai and Hyon-Joo Yoo ed., New Jersey, Singapore, and London：World Scientific, 2012：279–316を参照してください。

(30) 福沢諭吉の国体論とそれ以降の国体論を比べてみたときに最も明瞭にみえてくるのは、福沢にとって日本人という国民は、製作されるべきものであって、既存の共同体とは考えられていない点でしょう。これに対して、福沢以降の国体論では日本人があらかじめ存在するという前提から出発しているものが多く、日本国民をどのように作り上げるか、という発想が欠けている場合が多いように思われます。

(31) 「一視同仁」は明治初年に現れ、その後一九四五年の日本帝国の崩壊に到るまで、日本政府の法令や出版物に繰り返し使われます。「一視同仁」と社会差別に関するより詳しい論考として、先にも挙げた、広田昌希『差別の諸相』の解説（日本近代思想体系、第二十二巻、東京：岩波書店、一九九〇：四三六―五一六）を参照してください。広田は、平等の理念が、彼が「一君万民制」とよぶ天皇の制度化を通じて定着してきたと述べています。転位されたキリスト教としての天皇制は、久野収・鶴見俊輔『現代日本の思想』東京：岩波書店、一九五六：一二六―一二九、に述べられています。久野と鶴見は、とくに天皇制とカソリシズムとの類似性に関心をもっていました。

(32) いろいろなところで、フーコーは生権力を語っていますが、とくに重要なのは、Michel Foucault: *Sécurité, territoire, Population, Cours au Collége de France, 1977–1978*, Paris：Gallimard/Seuil, 2006. 167–261です。なお、フーコーが「牧人」権力を語ったのは、主として古代ユダヤ教とキリスト教に関する文献についてであり、「牧人」権力がそのまま近代天皇制に応用されたと主張するつもりはありません。近代天皇制は、対面的な牧師と信徒の関係ではなく、複製技術や近代教育制度を媒介にした、天皇と個人の空想的な関係にその制度化の基盤を求めているからです。より詳細な分析は、以下の拙稿を参照してください。"The Body of the Nation : the Pastorate, the Emperor System, and the Society of Sympathy of Japan's Intellectual Modernization" in *Biopolitics, Ethics and Subjectivation*, Alain Brossat, Yuan-Horng Chu, Rada Ivekovic, and Joyce C. H. Liu ed., Paris, L'Harmattan, 2011 : 91-120 ; あるいは中国語訳、「國體與同情社會：天皇制牧養」Wei Yin trans. in *Router : A Journal of Cultural Studies*, vol. 11 Autumn 2010 : 10-35. なお、日本占領の合州国政府の政策と「牧人」権力については注34を参照してください。

(33) よく知られているように、ベネディクト・アンダーソンは国民共同体を「想像の共同体」と規定しました。しかし、彼は、そこで想像（imagination）と空想（fantasy）の区別まで踏み込んで、国民主義の分析を行うことはありませんでした。しかし、天皇制を古典的な牧人権力から区別する最も基本的な要素は、私は空想による媒介であると考えており、空想を操作する技術が天皇制の近代性を支えていると考えています。

(34) 人々の罪を贖うために自らを犠牲にする牧人という、新約聖書に顕著なエピソードは、敗戦後に天皇制の処遇を決定する際に重要な役割を果たしたことはよく知られています。連合国最高司令部は、すでに合州国政府内で決定されていた天皇制存続の政策を合州国世論に受け入れさせるために、ダクラス・マッカーサー将軍を表敬訪問した天皇裕仁が、日本国民の罪を償うために自らを罰して欲しいと申し出たという逸話を発表しています。天皇が実際にこのような申し出をしたとは思えませんが、合州国占領軍政策決定者が天皇制の権力構造をじつによく理解していたことを、この逸話は教えてくれます。明らかに、合州国の日本専門家は、天皇制を牧人権力の一例として理解していたのです。

(35) 誤解のないように、断り書きを記しておきます。本稿では、「天皇制」は近代特有の制度と考えられており、それ以前の「天皇家」の系譜とは一応別個のものとして、考察されています。明治政権は、天皇制を万代一系の家系の系譜と連続的なものとすることによってその歴史性を隠蔽しましたが、本稿では、皇国史観による天皇家系譜学は一切拒絶されています。その限りで、天皇制はマルクス主義が考えたような絶対王政でもなければ前近代の遺制でもありません。

(36) 戦後の日本国憲法にある、天皇の規定は「国民統合の象徴」ですが、ここでは、日本国民の存在そのものが問題視されることはありませんでした。

(37) この標語は二十世紀初頭に、田中智学によって案出されたと言われていますが、この標語には明らかな普遍主義的な志向が込められています。しかし、この普遍主義が、どの程度制度的な保証を伴っていたかはまた別の問題ですが、すくなくとも当時の日本国家の帝国主義的な方向性を表現していたことは確かでしょう。このような普遍主義的な志向は、戦後日本社会では全く失われます。

(38) もちろん、このように日本国家に統合された「日本国民」の間に、平等が成立していたわけではありません。まず、すでに詳しく論じたように、平等は理念であって、それが実働化するかどうかは歴史的な実践によります。また、近代国民共同体の成立において、国民の間の平等は理念的な目標ですが、社会的な差別が存在しなかったわけではありません。朝鮮半島の日本国民には選挙権が与えられていませんでしたが、一九四五年には選挙権が与えられることに決定していました。合州国においても、南部の州では、黒人は一九六〇年代になるまで、選挙権を含めた基本的人権のいくつかを奪われたままでした。現在に至るまで、保守勢力による有色人種の合州国市民から投票権を奪おうとする努力は続いています。

(39) とりあえず、多民族国民という言葉を使っておきます。しかし、単一民族国民と多民族国民の区別を自明の理としているわけではありません。すでに国民について論じてきたように、民族の単位をどのように限定するかは容易ではありません。多と一の区別を民族についていうためには、慎重な検討が必要でしょう。

(40) 「故に日本は古来未だ国を成さずと云うも可なり。今若し此全国を以て外国に敵対する等の事あらば、日本国中の人民にて仮令ひ兵器を携へて出陣せざるも戦のことを心に関する者を戦者と名け、此戦者の数と彼の所謂見物人の数とを比較して何れか多かる可きや、預め之を計て其多少を知る可し。嘗て余が説に、日本には政府ありて国民（ネーション）なしと云ひしも是の謂なり。」（同上、一九二）

(41) 『文明論之概略』、同上　二三七頁

(42) 同上、二五八―九頁

(43) 福沢の歴史的判断は正確であったと考えざるをえません。西欧列強の中には、キリスト教の道徳意識を掲げる者が少なくはなかったわけですが、だからと言って、西欧列強が領土的な排他性や国籍のもたらす特権を無視することはありませんでした。

(44) ウェストファーレン条約以降の国際世界で、直ちに国民国家がその主役として登場したわけではありません。領土的国家主権は十八世紀後半徐々に国民国家に変身してゆきます。いうまでもなく、この変化の先頭を切った事件が、アメリカ合州国の独立とフランス革命でした。国民国家が現出したあとで、始めて、国籍が重要な課題として登場します。

　現在の国際世界では、二重あるいは多重国籍を持つ者は決して少なくありません。また多重国籍を許容する国家もますます増えてきています。したがって、日本のような二重国籍を認めない国家は少なくなりつつありますが、多重国籍を排斥しようとする傾向は、国際世界の基本構図そのものに組み込まれている点を忘れるわけにはゆきません。

(45) Étienne Balibar, "Racism and Nationalism" in *Race, Nation, Class–Ambiguous Identities*, Chris Turner trans. London & New York : Verso, 1991 : 49–50

(46) より詳しい、上品な人種主義と下品な人種主義についての説明については、Takashi Fujitani, *Race for Empire–Koreans as Japanese and Japanese as Americans during World War II*（Berkely, University of California Press 2011）を参照してください。

(47) この点で、合州国の文化人類学で起こった、文化人類学へのソシュール言語学の応用を見逃すことはできません。ただし、一九三〇年代のソシュール言語学の受容は偏ったもので、ソッシュールの講義を学生が筆記した『一般言語学講義』（Le cours de linguistique générale）に依存しており、体系性としての言語が実体化されて受け取られています。このような言語の体系性を範型として文化を考えているといってよいでしょう。

(48) 近代的な人文科学におけるフマニタス（Humanitas）とアンソロポス（Anthropos）の区別については、拙稿を参照してください。'Dislocation of the West and the Status of the Humanities' in *Traces, multilingual series of cultural theory and translation*, vol. 1, 2000；'Theory and Asian Humanity-on the question of Humanitas and Anthropos,' in *Postcolonial Studies*, vol. 13, no.4：441-464.

(49) 新カント派から、三木清の歴史哲学に至るまで、主体性の議論が文化論に中心に置かれていました。したがって、主体性に重点を置いて社会存在論を考えようとした田邊元は一九三〇年代に、フランスの文化人類学における未開社会文化研究のもつ問題性を、すでに指摘していたといえます。

第2章　曲がり角の人文学知と日本の大学のグローバル化

鍾　以江

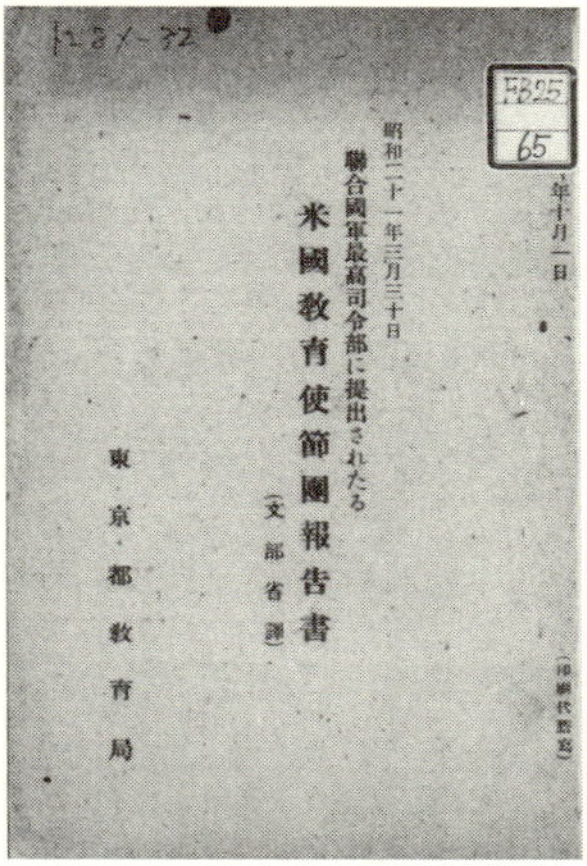
昭和二十一年三月三十日
聯合國軍最高司令部に提出されたる
米國教育使節團報告書
（文部省譯）
東京都教育局

連合国軍最高司令部に提出されたる米国教育使節団報告書　昭和二十一年三月三十日　国会図書館デジタルコレクション

はじめに

二十一世紀に入ってから日本の大学のグローバル化は著しい速度で進んでいる。大学のグローバル化は、グローバリゼーションといった世界史的な動きへの対応だとすれば、これはつまりグローバリゼーションといった新しい歴史条件での知識生産の様態の変革だと理解できる。では、この進行中の、日本の高等教育の変革が日本の「戦後」という歴史的な文脈でなにを意味するか、またはどう意味づけることができるか？　これが本章の問いである。

この問いは、しかし大学のグローバル化という事象を定義することから始めるべきではない。なぜかというと、英語での授業の増加、「グローバル」と名付けられた教育プログラムの新設など、様々な「グローバル化」の内容を想定できても、その正確な定義は一定ではなく、むしろそもそも大学の「グローバル化」とはなにかという問題はそういった事象の一部となっており、定義することはその事象を単純化することとなりかねない。そのため定義することの代わりに大きな分析枠を利用し、できるだけ広い範囲で分析することにしたい。ここでは、教育において最も基本的な概念である「人間」をベースにし、日本の大学のグローバル化を、「人間」に関するディスコースと実践として考えてみよう。さらに具体的に言えば、日本の大学のグローバル化を、十八世紀のヨーロッパに起源を持つ人文学——近代において「人間」に関して最も影響があった思想水脈——と関連付けて考察することにしたい。つまり、日本の大学のグローバル化を人文学の伝統に基づいた近代的知識生産の一部として位置づけ、その人文的伝統の中に内在してきているテンション、人文——国家のネクサス（連鎖）という関係の中で批判的に考える。普遍的に描かれた人文的人間性（フマニタス humanitas）の理想は、世界各地での近代的知識生産を可能にしたが、同時にそれは、固有性を主張する排他的な国民国家の枠組みのなかで遂行されてきた。普遍的な人文学（知）と排他的な国民国家は一つの相互依存的な関係であった。この関係を最も内在的に有していたのは、近代の大学であった。本論は戦後日本の大学教育と昨近のグローバル化をこの相互依存の関係の中で考察するものである。

本章は四つの部分からなる。第一部分は、まずヨーロッパ、特にドイツの国民国家形成期における人文学の歴史、またその人文学の世界的な広がり、特にアメリカにおける教養教育への転換の歴史を辿る。人文学が資本主義と国民国家とどのような関係にあったかに焦点を当てる。第二部分は、冷戦期におけるアメリカの教養教育の戦後日本への導入および戦後日本における国家主導のキャッチアップ型の経済発展の中の人文学と教養教育について考察する。第三部分は冷戦後におけるグローバリゼーションのディスコースの出現と流行を資本主義の新たな形態として分析し、その形態への反応であるアメリカの大学での新しい人文学を考察する。第四部分は、日本の大学のグローバル化はそのグローバリゼーションへの対応として捉え、こうした新しい経済社会状況での人文学の可能性を考え、大学のグローバル化の機会を通してより具体的に提案する。日本の大学のグローバル化は、国民国家の排他性を認識し、克服しようとする面がある。しかし、その反面、グローバル資本主義に対応しようとする目的が強く動いて、国家主導の前提でグローバル化が行われる限りは、戦後以来のキャッチアップ型の経済モデルに合わせた、国民国家先行の教育形態と根本的に変わらない。この意味で、資本主義の新たな形態である新自由主義を擁護または合理化する傾向もないでもない。しかし、大学のグローバル化は、新たな歴史的状況に合わせようとして、資本主義と国民国家の枠を超えられなくても、それらを相対化する人文的人間性のフマニタス理念に基づき、より新たな人間を想像し作り出す可能性があるのも確かなことであろう。

1　人文学（知）の誕生とアメリカの教養教育の形成

「人文学」あるいは「人文学知」（英語では the humanities）という概念を理解するためには、「人文主義」の歴史を遡らなければならない。「人文主義」（Humanismus）という言葉が最初に登場したのは、十八世紀後半から十九世紀初めにかけてのことであった。それはドイツの学者たちが、ルネサンス期の教育における古典研究の重視を指して言った言葉である。彼らは、ルネサンス人文主義の根底に、人間のあらゆる美徳が十全に発達した状態を意味するフマニタス（humanitas）という概念があると考えた。そして自分たちの学問をそれに準らえて新人文主義（Neuhumanismus）と称した。ルネサンスにおいて、人々の関心が神から人へと重心を移したという新人文主義者たちの理解によると、まだ漠然としたものであってもルネサンス期に個人という概念が生まれたのである。しかしそれが完全で自律的な「個人」という概念に成長していくには十八世紀後半を待たねばならなかった。古典的自由主義を理論化したジョン・

ロックやジャン＝ジャック・ルソーは、個人を、一定の権利を持つと同時に学問と文化によって規定された義務を要求される存在として構想し（Grafton 2010, 465）、個人の概念の発達に大きな役割を果たした。ヨハン・ヨアヒム・ヴィンケルマンやヨハン・ヴォルフガング・フォン・ゲーテ、フリードリヒ・フォン・シラーといったドイツの新人文学者たちは、そうした個人概念の重要性を強調した。伝統的な宗教にもはや希望を持てなくなっていた彼らは、古代ギリシャ世界を霊感の源として理想化し、そこに美と調和への愛を見いだした。こうして人間は、組織化された宗教の枠組みがなくとも、自分自身の内面における徳と美の完成に専心することができるようになったのである（Grafton 2010, 藤田 一九九八：一一六九）。

こうした徳と美の追求が、ドイツ語でビルドゥング（Bildung）として概念化され、十八世紀末までには、ビルドゥングはスピリチュアルであるだけでなく、哲学的、政治的な意味合いを帯びるようになり（James A. Good）、心を因習や迷信から解放してくれるものとして、そしてついにはヘーゲルの弁証法哲学を介して、普遍的な世界精神を実現させるものと見なされるようになる。ヘーゲルにとってのビルドゥングは、個人の精神的発展にとどまらず、人類社会の自己発展をも意味した。ビルドゥングは、満足感と達成感をもたらす活動を発見することで自分の才能を見いだすといった、自己に対する理解を必要とする。ヘーゲルが最高の達成と見なしたのは、社会的なビルドゥングを推進することであった。その結果、哲学と教育は実質的に同義となり、ビルドゥングは個人的であるとともに文化的な成熟の度合いを示すものとなる（James A. Good）。個人と文化・社会が交錯して考えられるようになると、個人を因習から解放するように、ドイツ人を前近代的政治体制（神聖ローマ帝国に忠誠を誓う封建的な小領邦群）から解放すべきだという考えが出てくるようになる。このようにして、個人とその完成という普遍的な理論が、ドイツ国民とドイツ国家という個別・排他的な考えと結びついたのである。

実際、十九世紀初期のヴィルヘルム・フォン・フンボルトやヨハン・ゴットリープ・フィヒテといったプロシアの思想家たちが、こうした考えを教育プログラムに移植し、人文的・個人主義的な価値観の推進、教育と研究の統合、研究・学問の自由の制度化を果たそうとした背景には、一八〇六年のナポレオン戦争におけるプロシアの敗北があった。敗戦の原因は、プロシアの民衆に国を守るという情が不足していたこと、つまりドイツ国民の未形成にあるとされた。ドイツ国民を形成するには三つの大きな事業――軍隊の再建、憲法の制定、国民教育――が必要だと彼らは考えた（曽田 二〇〇五）。このようにして新人文主義は、国民国家の創成時から、教育を通じた国民形成と密接に関わることになる。新人文主義の教育者であったラインホルト・ベルンハルト・ヤッハマンは、一八一二年に次のように論じている。「ネイションの形成が成長すべきであれば、ネイションの全学校制度は人間形成の最高の目的の同一の源泉から導きだされ、国民性の根源的な土壌に基礎づけられなければならない。ただ唯一の人間性が存在し、それぞれのネイションは完結した全体である」（曽田 二〇〇五、一三二）。そして国民的教育が人間形成を最高の目標とする普遍理想の観点から論じられた――「自らの目的――を世界から借りるのではなく、逆に自らを世界の目的と見なし、人類の最高の目的を目指して努力し、まさにそのことによりその普遍的な性格を持つ学校のみが、人類を真実に養成する学校となる」（同前）。ここで特定のドイツ国民と普遍的な人間は相互依存の関係によりシームレスに連合された。

ビルドゥングの概念の確立に尽力したフンボルトは、一八一〇年に近代教育の頂点をなすベルリン大学の創立に中心的な役割を果たした。彼は大学を、国民文化を体現する最も高貴な組織と見なし、大学の学問を、未解明の問題を絶えず探求するものと定義した。「大学と全ネイションの形成に際して重要なのは博識だけではなく、むしろそれによって全学科とその研究が示されるような精神であり、つまり頭脳にとって実り豊かになるような精神である」（曽田 二〇〇五、一三三―一三四）。フンボルトにとっての学問は、個人の精神形成を目指すと同時に、それに基づいて実社会で活動できる市民としての能力を培うためのものであった。

フマニタスの普遍理想と国民形成の交差によって、ドイツで発展した人文学の概念は、国民国家が個人と社会の発達モデルを作る上で最適化されたものとなった。人文主義――国民国家のネクサスに、理想主義的な精神を高揚させる側面があることを見落としてはならない。それが、国民ごとに個別的でありながらも類似した近代教育制度（国民史、国文学、言語学、民俗誌等）が世界中に広がっていった理由である。理想的な個人（市民）の養成を、国民創成という実際的で具体的な目的に振り向けることは論理的には整合しないが、現実の歴史においては相互依存してきた。十九世紀の中葉から末期にかけて、フンボルトの学術・教育のモデルは、他のヨーロッパ諸国、アメリカ、そして日本にも導入された。日本の場合は、一八八〇年代に全国的に実施された近代的教育制度を強化するため、人文主義――国民国家のネクサスが導入され、日本語で語り直された。この教育制度を創成した中心人物である、初代文部大臣、森有礼（一八四七―一八八九）は、中等学校の教科書に、「人間究竟ノ目的ハ、道理ニ遵イ、完全ナル人タランヿヲ求ムルニアリ」（森 一九七二、四二五）と西洋的フマニタスの理想を記している。ドイツの教育者と同じく、森にとっては、国民の教育とは普遍的な人間性の実現による人間形成と表裏一体のことであった。森の後の戦前日本教育では、普遍的なフマニタスではなく特定的な日本国民概念が強調されていくわけだが、その相互依存のネクサス関係は消えることがなかった。いうまでもなくエリート階層の養成機関であったが、戦前の日本の大学が、西田幾多郎、羽仁五郎、丸山眞男などに代表される、優れた人文学と社会科学研究を生み出したことはその存在理由（raison d'être）だと言えよう。

アメリカでは、フンボルトの衣鉢を継いだマシュー・アーノルドが、フンボルトを「この世に生きた最も美しい心の一つ」と激賞し、彼の教育の啓蒙的理念を高く評価した。アーノルドは、その著作『教養と無秩序』で、深い文化理解を生みだし、ビルドゥングつまり人格の高尚化に自然に導く教育理想を掲げた（Harpham 2011, 85）。人文主義の知識（とキリスト教的知識（Christian knowledge））は、私たちに、あらゆる人類が考え、語ってきた最も善きことに対する理解を促し、それによって、「今まで私たちが機械的に従ってきた概念と習慣に新鮮な自由な思想が吹き込まれ、人間の完全な完璧（total perfection）へと導かれる」ことができるとした（Harpham 2011, 84）。アーノルドとともに人文主義は次第にアカデミックな人文学（the humanities）に変容していき、大学の教養教育（リベラル・アーツ教育）に取り入れられていった（Harpham 2011, 85–86, ドゥアラ 二〇一四、一八）。また、フンボルトの教育と国家との関係に対する強い関心を継いだアーノルドは、本当の教育が必要とする道徳的なコンテキストを提供できるのは国家しかないと国家の重要性を説いた。「人文学」（the humanities）は、アーノルドの構想した文化、教育、国家の間の繋がりの名称と様式になったのだ。

人文主義から教養教育へ変容したのは、二十世紀に入り、アメリカの経済発展とともに大学が拡張していた時期であった。その時、コロンビア大学、シカゴ大学、ハーバード大学などの有力大学は、実用的な知識を教えることが大学の役割だとの批判に対して、大学教育はアーノルド流の人文学の思想に基づくべきであり、そのような教育こそが道徳的、精神的な利益をもたらしうると強く訴えていた（Harpham 2011, 87）。一九二〇年代にこれらの大学が次々と学部カリキュラムから独立した、人文主義の理念に支えられた一般教育（general education）カリキュラムを設立し、そこで今日世界的に認められている教養教育が生まれることとなる（John Boyer 2015, 199–203：吉田 二〇一三、一一、二九―三四）。しかし、この教養教育は、また普遍的なフマニタスと特定の国民国家とのネクサスのアメリカ的な表象であった。「人文学」（The humanities）はアメリカという国民国家の最も明るい未来を象徴するだけでなく、同時に全人類の自然的進歩を代表するものだと考えられた。アメリカの人文学（知）を共有することで、個人的には報われる、またそれによってアメリカ文化の先進性が世界的に認められるだろうと、アメリカの大学は暗黙的にこのような家父長的な自己理解を持っていた（Harpham 2011, 147）。普遍的な「人類」と「個人」概念を通して、独りよがりの排他的なアメリカのナショナル・アイデンティティが構成されていた。

冷戦時代に入り、アメリカで大学教育が普及していく中でも、自由な個人が国民国家さらにその上の普遍的な価値と密接に繋がっているとの考え方は変わらなかった。完全な個人の本質を実現できる素質(または能力)は、アメリカという国の特質とみなされ、さらにそれはアメリカからの全人類への贈り物だと考えられていた(Harpham 2011, 89)。その中で、一九六五年に連邦政府により、人文科学研究をサポートする「全米人文科学基金」(National Endowment for the Humanities, NEH)が設立された。NEHは、アーノルドの精神を継いで、知識によって人間の存在をより豊富にするという理念で教育へコミットすることを掲げたが、しかしNEHの設立を決めた法律では「人文学を現在の国民的生活に適応すべき」だということがNEHの使命として掲げられていた。このように、個人的フマニタスと国民とのネクサスはアメリカにおいて形が変わっても温存されてきた。それから、そのネクサスは占領期の日本に導入されることになる。

2　戦後日本の教育、キャッチアップ型の経済と人文学

戦後日本の教育の重要な一つの出発点は、占領下の一九四七年に公布・施行された教育基本法であった。その前の年に公布された日本国憲法の目的を実現する上での教育の役割はその基本法の第一条に定義されている。「教育は、人格の完成を目指し、平和で民主的な国家及び社会の形成者として必要な資質を備えた心身ともに健康な国民の育成を期して行われなければならない」。そこで「人格」と「国民」と同時に目標として掲げられているのが、まさに近代的なフマニタスと国民とのネクサスの表象として

読み取れる。占領下の日本の教育制度再建へのアメリカの影響がここにうかがえる。この教育の目的をいかに達成するかについては、一九四六年に連合国軍司令部に提出された米国教育使節団報告書という文書から、具体的な提案があった。米国教育使節団とは、占領下の日本の教育改革について勧告するため、連合国司令部に招かれて一九四六年三月に来日した、G・D・ストッダードを団長とし、二七名で構成されていたアメリカの教育家の使節団のことである。使節団が提出した報告書『連合国軍最高司令部に提出されたる米国教育使節団報告書：昭和二十一年三月三十日』は、前書き、序論、第一章「日本の教育の目的および内容」、第二章「国語の改革」、第三章「初等および中等学校の教育行政」、第四章「教授法と教師養成教育」、第五章「成人教育」、第六章「高等教育」、本報告の要旨、で構成されている。報告書は、個人と国民国家との関係の枠で教育と知識の理念とその理念の実現について具体的な提案を挙げている。

まず、第一章で教育の目的について、個人を中心に社会との関係を通して説明する。教育は、具体的な存在としての労働者、それから市民、最後に最も一般的、抽象的な「人間」としての個人、三つの次元での発展のために必要だと説く。

民主政治下の生活のための教育制度は、個人の価値と尊厳を認めることが基になるであらう。それは各人の能力と適性に従つて、教育の機会を興へるやうに組織されるであらう。…教育は個人を社会の責任ある協力的成員たらしめるやう準備すべきである。…新日本建設に当つて、個人は自らを労働者として、市民として並に人間として、発展せしめる知識を必要とするであらう。(「米国教育使節団報告書」一二―一三頁、なお旧字は適宜改めている、以下同)

続いて、個人の三つの次元を統合したうえで、個人的な人格の完成というビルドゥング的理想に導いて教育の必要性を説く。ここで民主政治への参与と仕事の条件としての教育が、究極の理想のフマニタスとつなげられることになる。

…男も女も自由をかち得てこれを保持しようとするならば、進んで民主主義のために努力し、かつ協力しなければならない。…不断の精進こそ自由の代価である。

以上道徳を集合的完全、即ち人と社会との統合の問題として取り扱つてきた。しかし道徳はまた個人的完全の問題、即ち人が自己に対する幸福なる関係を意味するものである。人間が能動的動物である以上、このことは先づ第一に自己の仕事に対する満足なる適合でなければならぬ。…生計を営みつつ、同時に満足なる人生を建設しつつあるのである。…人とその仕事との間に幸福な関係があるといふ秘密を知ることは、即ち明朗な精神の神秘を発見し、かつ個人的な人格の完成への主要な要素を発見することである(一九―二〇)。

このビルドゥング的「人格の完成」理念に基づいて、報告書は第六章「高等教育」で、人文学的普通教育の導入を提案する。

日本の高等教育機関のカリキュラムにおいては、…概ねは普通教育を施す機会があまりに少なく、その専門化があまりに早くまた狭すぎ、そして職業的色彩があまりに強すぎるやうに思はれる。自由な思考をなすための一層多くの背景と、職業的訓練の基づくべき一層優れた基礎とを興へるために、更に広大な人文学的態度を養成すべきである。この事は、学生の将来の生活を豊かにし、そして彼の職業上の仕事が、人間社会の全般の姿の中に、どんな工合に入っているかを了解させるであらう（七六）。

米国教育使節団の提案を受け入れ、普通教育（「一般教育」と呼ばれたが）の普及を推進したのは、戦後まもなく学制改革が進行するなか、「会員の自主的努力と相互的援助によってわが国における大学の質的向上をはかる」事を目的に、新制大学の設立規準を制定する民間専門団体の、国公私立大学四六校が集まり一九四七年に結成された大学基準協会であった。一九四九年に一八〇校の新制大学が発足し、そこにアメリカ式の一般教育が付加された。一般教育の具体的な内容に関する理解は容易ではなかったが、教育の目的として説かれた市民の育成という理念は、戦後日本で広く語られた民主化の理念と共鳴し、次第に日本の教育関係者の共通理解となっていった（吉田 二〇一三、七八―八三）。

しかし、一九五〇年代後半から高度経済成長が始まると、戦後以来の教育は国家主導のキャッチアップ経済モデルに組み込まれ、国家的な統制と経済界からの要求を受けながら、その拡充・整備を基調にして展開されるようになった（片桐・木村、一八七）。教育は「市民の育成」という目的が語られなくなり、むしろ「経済政策の一環として人的能力の向上」が位置づけられ、経済発展を保障する労働力の養成、人材開発の手段として位置づけられるようになった（片桐・木村、一八〇）。高度経済成長下の教育政策の本質を示したのが、一九六三年の経済審議会人的能力部会答申「経済発展における人的能力開発の課題と対策」がある。そこでは教育支出を人的資本の投入として捉え、投資の効率によってその規模や配分を決定するという教育投資論が持ち出された（片桐・木村、一八一）。教育が人格の完成のようなフマニタス理念によってではなく、資本主義の経済的、量的なロジックによって定義されることになった。

高等教育の経済発展への寄与が一層求められるようになり、教育は国民国家の経済的な目的に向かわせると、市民としての個人的な面でのビルドゥング的な理想が相対化され、それを目標にした一般教育も弱まる一途をたどる。一般教育としての独自の目的や意義は稀薄になり、その延長に一般教育批判論や不要論が登場するのである。また目的として、一般教育と専門教育の相違も明確ではなくなっていく。また同時に、経済発展の中に大学における理工系人材の育成という産業界からの強い要請もあって、理工系の学部が拡充した。そもそも一般教育の導入にもっとも強く反対した理工系学部は、一般教育の存在意義をさらに不明瞭にする力になった（吉田二〇一三、二七四）。また、国立大学一般教育を担当する教養部は法制化されていたが、教養部と既存の学部の間の差別が顕在化し、結果として一般教育は学内において専門教育の下位に固定化されることになった（吉田二〇一三、二七五）。

一九八〇年代になると、これまでの教育政策が問い直され、高等教育政策を支える理念は大きく転換する。一九八四年の総理府に設置された首相直属の臨時教育審議会では、「教育の個性化」が提案され、知識より理解力・分析力・思考力などの能力を涵養することが目的とされた（吉田二〇一三、二七九。文部科学省ＨＰ）。さらに、一九八九年の学習指導要領改訂は、知識偏重の学力観を改め、自ら学ぶ意欲と思考力、判断力、表現力を重視するという教育方針を掲げた。これは、個人が見えなかった教育投資論とかなり変わったように見える。だが、ここでの「能力」とは曖昧で、何を内容としようとも、目的とされる能力が身につけばよいということになる（吉田二〇一三、二七九）。能力は目的とされ、何のためにその能力を涵養するかは問われなく、能力の上の目的があるとしても不確定で曖昧のままである。もちろん、ここで「能力」の登場は、おそらく新自由主義的な個人理念が機能していると理解できる。つまり、これまでの中央集権化や統制を基調としてきたキャッチアップ経済モデルに組み込まれた受け身的な個人に、これから能動的、意欲的に働いてほしい政府の考えがあったと伺える。しかし、米国教育使節団報告書で訴えていた個人の教育と社会参入による幸福と完全な人格の理想に関する文言は、指導要領などの教育政策方針には出てこない。一人一人の日本人の存在は、相変わらず国民国家の包括的な枠組みの中で、国民全体の一つのパーツとして設定されていて、国単位での経済発展のための国民という定義自体は問題化されていないと言えよう。

しかも、この新自由主義的な教育政策の改革には、新保守主義の思想が伴っていた。一九九八年告示の学習指導要領の改定では、「国を愛する心」が強調され、一九九九年には国旗及び国歌に関する法律が制定され、日の丸を国旗、君が代を国歌として法制化した。一九九六年には、新しい教科書をつくる会が発足し、今までの歴史教科書での「従軍慰安婦」や「南京大虐殺」に関する記述は、歴史的事実を歪曲したものだとして、新しい教科書を作ることで「健全なナショナリズムに基づく歴史研究と授業の創造」を目指す運動を展開しようとしている。二〇〇〇年には、教育改革国民会議は、最終報告「教育を変える17の提案」を出し、「一律主義を改め、個性を伸ばす教育システム」の導入を提言すると同時に、「郷土や国を愛する心や態度」の育成を打ち出している。このように排他的な国民としての個性を形成させられる場合、「能力」を向上できても、戦後にずっと陰に隠されてきた、人格の完成をめざす普遍的なビルドゥング的な理念の可能性がさらに阻害されることになるであろう。

3　グローバリゼーションとアメリカの人文学の変容

冷戦の終結と重なった日本のバブル経済が崩壊して以来の時期は「失われた二十年」と言われつつあるが、この「失われた二十年」はまた「グローバリゼーション」の時代とも知られている。なるほど過去二十年ではグローバリゼーションは一つのキャッチフレーズとして流行してきた時期であった。「グローバリゼーション」というのはどのような事象を指しているか、またその事象と言葉の関係をどう理解すべきなのか？　この事象が歴史的な意味を持っているなら、それはこれまでの戦後とどのように違うのか、またはどのように関連しているのか？　日本の大学のグローバル化を考察する前に、その動きを生み出した歴史的なコンテキストであるグローバリゼーションといったことに焦点を当てて分析しなければならない。

冷戦の終結の前後に、国民国家を前提にした近代化と発展理論に代わって、新自由主義的偏向を持つグローバリゼーションの新しい経済理論が興ってきた。グローバリゼーション（globalization）とは、一九三〇年代に出てきた言葉だが、そのあとはほとんど使われなくなり、しかし一九九〇年代に入ってから一気に英語圏を席巻するようになった（James & Steger, 419）。（日本でも大体同じ時期に、『Business Review』（一橋大学イノベーション研究センター編）、『研究技術企画』、『デザイン学研究』、『Organizational Science』などの主要なジャーナルをはじめ、マスメディアで経済と社会分析のキーワードとして頻繁に使われはじめた）。この時期のグローバリゼーションという言葉が指している理論的ディスコースは、事実記述的というよりは指向的な理論であり、いかにもアメリカ的な新自由主義的鋳型によって、新しいグローバルな体制作りのための政治・経済的指向が打ちだされている（Antonio 2007）。グローバリゼーションという単語に新自由主義的な理論を入れ込んだ有力なディスコースは、一九八三年にハーバード大学ビジネススクールのセオドア・レビット（Theodore Levitt）教授が執筆した、同スクールの『ハーバードビジネスレビュー』に出版された論文「マーケットのグローバリゼーション」（"The Globalization of Markets"）（Levitt 1983）によって始まったと言える。レビット教授の論文は、技術の進歩により世界が一つの集中的共同性に導かれていると説いて、その単一化していく世界を一つのマーケットと考えグローバル的にビジネスを展開すべきだと主張した。レビット教授の論文は、グローバリゼーション理論の普及に強力な影響力を発揮した（Harvard Gazette 2006）。その六年後の一九八九年に、「グローバリゼーション」という言葉を使わなかったが、世界経済に強い影響を持った国際通貨基金（ＩＭＦ）、世界銀行、米財務省の合意として、いわゆる「ワシントン・コンセンサス」が発表され、貿易の自由化、規制撤廃などの新自由主義的ドクトリンが強く打ち出された。二一世紀に入って、「フラットな世界」つまりグローバル的な均質性や仮想的な平等を是とするというヴィジョンを説く、アメリカのジャーナリスト、トマス・フリードマンは、誰よりも新自由主義的なグローバリゼーション理論の熱心な推進者となっている。グローバリゼーション経済の展開と相まって、冷戦終結後の一九九〇年代に入って、冷戦下で自国の安全保障に腐心する国家から、地理的な境界線にとらわれずに利益を追求するトランスナショナルな企業へのパワーシフトが生じた（Cummings 2000）。

同時に、一九九九年以来の世界貿易機関（ＷＴＯ）の会議には世界中から集まった様々なグループの大規模な抗議行動が行われ、毎年のＧ７サミットでのデモや、また近年世界各地で見られる占拠（オキュパイ）運動など、トランスナショナルな反グローバル資本主義を象徴する運動が起こっている。こうした声高な反対運動以外にも、「ワシントン・コンセンサス」の新自由主義的ドクトリンに対する様々な角度からの批判が多く見られた。また、人文学と社会科学研究者、特に社会学者はグローバリゼーションに対して批判的な立場をとることが多い（Ritzer 2007）。こういう意味でグローバリゼーションとは一つの事象より一つのテンション、つまり新自由主義的資本主義と反新自由主義資本主義とのテンションとみなしたほうが正しいかもしれない。

また視点を変えると、グローバリゼーションとはただイデオロギー的なディスコースだけではないことも認めないといけないだろう。インターネットをはじめ最近の科学と技術によりこれまで関係がなかった世界の各地がいろんな形でつなげられてきていることは確かなことである。もちろん、その進んでいるつながりが、技術だけではなく新自由主義的経済の強いロジックに支えられていることも認識しなければならないが。こうした歴史的な変化を考える際には、グローバリゼーションの客観的次元と主観的次元の両方を考えるべきであろう。つまり、グローバリゼーションと呼ばれるものにディスコースと事象、または実質性と意識、という両面性が存在しているのである。グローバリゼーションは新自由主義と反新自由主義との対抗的な関係であると同時に、意識と現象との間の弁証法的な交差のプロセスでもある。このようにグローバリゼーションを考えるなら、それは新自由主義的経済グローバリゼーションに対する距離を置いて批判的に分析する立脚点が見つかるはずである。その意味で、ポスト冷戦のグローバルな資本主義とそれをベースにしている国民国家の制度的・認識的枠組みを超克するとまでは言わなくても、それを相対化できるような新しい意識の可能性を想像することはできるようになる。

確かに国民国家自体は衰退したわけではなく、今なお社会・経済的変化を生みだすキー・プレーヤーであり続けており、グローバル資本主義と言っても国民国家の世界体制の枠内で機能しているわけで、国民国家における平和、公正、成長・発展という文化的要請は大体において従来通りのやり方で保たれている。なるほど、政治権力としての国民国家は、経済的グローバリゼーションと異なったベクターで動いていることは確かなことだが、グローバリゼーションはむしろ国民国家の政治社会的枠組を通して実現できている。言い換えれば、国民国家はグローバリゼーションの条件となっている。しかしここで重要なのは、冷戦の終結に伴って、世界的な繋がりとしてのグローバリゼーションより生まれた国民国家を相対化する新しいディスコース——社会や国家の多文化性と多様性を認め、様々な表象様式（国籍、階級、ジェンダー等）を選びながらアイデンティティを差異化していくことを認めるディスコース——が現れてきたということだ。このディスコースはまた経済的グローバリゼーションにたいして批判的視点を生み出す。トマス・フリードマンの説く「フラットな世界」の均質性や仮想的な平等に対照的に、社会的経済的な不平等を批判しながらも、異種混淆を祝い、それを擁護するディスコースである。このディスコースを最も強く賞揚してきたのがアメリカの大学、特にそこに属する人文学研究だと言えよう。

アメリカの大学で、ここ二、三十年間は、ポストコロニアリズム、ポストモダニズム、さらにはカルチュラル・スタディーズが盛況となって、人文学研究に多くの知見と活気をもたらした。これらの理論的洞察から学んだ研究者たちは、学術研究における政治性についての内省的意識を広く共有するようになった。この意識は、自己を理解しようとする主体としてのフマニタス的な自己意識に似ていて、新しい歴史条件下のフマニタスの最新様態だと理解できる。特に、最近の二十年の人文学研究は、ナショナリズムと国民国家という、まさに近代の本質をなす政治権力に特色づけられていたことを自覚し、それを批判的に考えるようになったのである。この批判は、冷戦期の近代化と発展論の基本的な想定（国民社会）を問い直している。その意味で、グローバリゼーションの時代（「失われた二十年」）は、学術の世界に意義深い展開をもたらしたと言える。そしてこの時期は、アメリカの大学に入学してくる非西洋諸国の学生が次第に増加し、教室がトランスナショナルな雰囲気になってきた時期と重なっているのである。

こうしたイデオロギー的、文化的な変化は、人文学研究の地平を、国民国家の戦略的利害志向から、グローバリゼーションへと向き直させるようになった。二〇一五年五月の国際教育交流会議（NAFSA）の年次大会で、アメリカの教育省長官アーン・ダンカンは、国際教育に対するアメリカ政府の姿勢を、次のように述べている。「二十一世紀にあっては、質の高い教育は国際教育になる。そのように考えて私たちは国際教育戦略を策定しました。アメリカ教育省に国際的な未来に目を向けてもらうためです。私たちは海外留学、地域研究、外国語学習を支援し続けていきます。（中略）アメリカの大学卒業生が世界に伍していけるだけでなく、違った文化的背景を持つ人々と協働できるようになることの重要性はこれまでになく増しています」（NAFSA HP）。言うまでもなく、ダンカンは、国家の視点からグローバリゼーションの必要性を語っており、グローバリゼーションの新しい文脈において、どのように国際的教育がアメリカの国力を増強させ得るかが彼の関心事である。しかしながら、ポスト冷戦のグローバルな環境下に、教育の新たな方向づけの意識を表明していることは、人文学の変容と相まって、注目に価する。

こうした変化によって、戦後のアメリカで自然化されてきたフマニタス――国民国家の相互依存関係の基盤は少しずつ掘り崩されていく可能性があり、また現に掘り崩されてきている。人文学研究に内在していた政治性の問い直し作業は、ポストコロニアリズム、エスニシティ研究、カルチュラル・スタディーズ、ジェンダー学、それにアメリカの大学の教員・学生の民族的多様性の増大と手を携えて進んできた。こうした変化は、グローバル時代に合致したフマニタス――これまでのように人類を分断するのではなく、繋いでいくフマニタス――を構想するための研究条件が次第に整ってきた現れだと言えよう。それをさらに後押しするトランスナショナルな変化――研究者の移動の増大、大学の組織的な適応（例えば、学部の再編・新設など）、外国人研究者の受け入れ・雇用、大学の国際的な進出、研究・教育におけるリンガ・フランカとしての（文化的中立性を増してきた）英語の使用――が、アメリカだけではなく世界中の大学・学術組織で、日本研究を含むあらゆる学問領域において起こりつつある。アメリカの大学も北米の地理的境界を越えて、他の大陸の大学との人的交流や共同研究を増強させつつあるが、様々な学問領域のグローバリゼーションが最も顕著に見られるのがアジア、殊に、日本、韓国、中国、台湾、シンガポールの大学においてである。その一つの重要な側面が外国人教員の採用である。欧米の博士号を持つ多くの若い研究者が、アジアの大学に就職し、アジアの大学は彼らを教育の国際化を進めるというアジェンダに応えるものとして歓迎され受け入れられている。彼らは英語を話し、程度に多少の差はあれフマニタスを根底とする西洋の学術文化を共有していると考えられる（最近の欧米で、人文・社会科学に対する予算が削減され、知識生産の基盤としてのフマニタスの地位が浸食されているのも確かなことであるが）。このように、アジアの大学のモデルとなっている、人文主義の伝統を共有する西洋式の教育が、ほとんどのアジアの大学で高く評価されているのを見ると、大学の針路をトランスナショナルな方向に切り替え、教育・研究の協働性を増大させていけば、これまで世界の様々な地域に局在し分断されていた教育分野を相互に結びつける可能性が高まることになる。蹋躇させられていたフマニタスの概念をグローバルな地平で刷新することによって、世界の教育を繋ぐ潜在力が生まれてくる。

4　日本の大学のグローバル化

「失われた二十年」は、日本政府が大学入学年齢層の減少と、長期にわたって指摘されてきたグローバル時代における日本の大学の競争力の低下傾向に対処するために大学改革に着手した時期でもあった。アーン・ダンカンの声明に呼応した日本の文部科学省の取り組みは、世界が相互の繋がりを急速に増しつつある政治・経済・文化の世界史的な展開の大きな波に日本も乗り遅れまいとする試みの一つである。近年の政府の取り組み（二〇〇八年、二〇〇九年、二〇一二年、二〇一四年）は、国内と海外に大きな反響を呼び、日本の大学に歴史的な変化をもたらせる可能性が高まっている。二〇〇八年七月に、文部科学省は大学教育研究の国際的な通用性・共通性の向上と国際競争力の強化との政策の一環として、二〇二〇年を目途に留学生三十万人の受け入れ計画を打ち出した。二〇〇九年には、日本の大学の国際競争力を向上させるために、文部科学省の外郭団体で予算の助成配分を担当している日本学術振興会（ＪＳＰＳ）は、国際化拠点整備事業（Ｇ30）を発表した。これは三十の選ばれた大学に一校あたり四億円を上限として国際化推進のための予算を五年間支給するプロジェクト（JSPS website 参照）で、「グローバル

30」プロジェクトとして広く知られることになった。最終的には国立、私立合わせて十三大学のプロジェクトのみが採択された。次に二〇一二年には、グローバル人材育成推進事業という二の矢が放たれ、四十二大学が採択され、毎年一億二千万〜二億六千万円が五年を限度として支給される。さらに二〇一四年にはスーパーグローバル大学創成支援が打ちだされ、国際化への対応と世界競争力を高める構造改革実施のために、三十七大学に毎年二億〜五億円が十年を限度として予算配分されることになった。

文部科学省と日本学術振興会がこれらのプロジェクトで推進しようとしている大学の構造改革の主要なポイントは、留学生を引き寄せるための、英語で講義が行われる科目、特に日本関連科目の増設、教員組織における多様性と英語話者を増やすための外国人教員の採用、国境を越えた大学間での共同研究と協力的な関係の構築、カリキュラムの交換、単位認定や学位授与のための共通の枠組みの構築、国際的な教育・研究活動の定常化などである。こうした企画に対して、それでは「英語帝国主義」に屈することにならないか、グローバリゼーション・プログラムは一過性の流行に乗るだけのもので実質に欠けるのではないかといったような批判がかなり多く聞かれる。しかし日本の大学、特に主要私立大学は、政府の発議に積極的に応じた。というのも、財政を主に授業料に依存している私立大学は、今後存続し発展していくためにグローバリゼーションに活路を見いだそうとしているからだ。

日本の大学のグローバル化は国家主導であり、グローバル化しつつある世界経済において日本の競争力を増そうという意図で始められたものではある。これは、戦後以来の国民国家中心のキャッチアップモデルの一部としての教育制度とどう変わってきたかは簡単に答えられないかもしれないが、一九八〇年代の臨時教育審議会の時期に出された新自由主義経済に合わせた「個性重視」の教育理念と政策の延長線上にあるように考えられる。アメリカの大学で出ている、資本主義的グローバリゼーションへの反対意識から生まれた国民国家を相対化する新しい自省的なディスコースのようなものではない。むしろ、世界に広がっている新自由主義的経済に適応できる、新しい国民主体を構築しようとしていると理解するべきかもしれない。例えば、前述の一連のグローバル化政策に先立って、二〇〇六年一二月に新教育基本法は成立した。一九四七年の教育基本法と比べて、国民拘束的な規範性が強くなり、経済のグローバル化に伴う世界規模の競争を勝ち抜き、日本が発展していくための人材養成という新自由主義に基づく国家課題を受けてなされたと言える（片桐・木村、一九八）。国民国家という資本主義の具現化チャンネルを通して、個人が能動的な意思のもとに動員され、自己の主体的意思でクリエイティブな作業を行い、グローバルな資本主義の新自由主義的なガバマンタリティ――（neo-liberal governmentality）に主体的に統合される危険性がないとは言えないだろう。ここでの「個性重視」はあくまで国民国家という生活と生存共同体のためのものであり、フマニタスのビルドゥング的な理想のためのものではない。もっとも、日本の大学で、日本民族とその政治的具現である国民国家としての日本に対する批判意識は著しく脆弱なままで、矛盾しながら相互依存している市民と国民という近現代人間の存在の両面性、および人文主義――国民国家のネクサスに対する批判的な考察が行われているという明確な徴候はまだ見られないし、もっと具体的なことに、国民国家への批判という角度から、国家主導の大学のグローバル化の教育政策に対して、距離を置いて批判的な分析と対応を行っているケースもほとんど見当たらない。

それでも現在生起している変化は歴史的に意義深く、様々な潜在力を孕んでいる。その主要なものの一つは、日本と世界の大学のグローバリゼーションの進展から生じる新しい知識の様態と意識であろう。アメリカの大学を基準にして判断・予測すべきではないが、クリティカルに自省的な意識は新しい歴史状況でのフマニタスの様態だとするなら、そのような意識が生まれる条件が日本の大学にもあるといえる。文部科学省の諮問機関にあたる二〇〇一年設置された中央教育審議会は、その所掌事務の一つを、「豊かな人間性を備えた創造的な人材の育成に関する重要事項を調査審議し、文部科学大臣に意見を述べること」と定義している（文部科学省 Website）。「豊かな人間性」「創造的な人材」という言葉はフマニタスの理念を思い出させる。また、中央教育審議会の大学分科会が「中長期的な大学教育の在り方に関する第一次報告――大学教育の構造転換に向けて――」（二〇〇九年）で次のように大学のグローバル化の目的を語っている。

大学の国際化、すなわち、国の内外から広く優秀な学生、教員・研究者を集わせ、大学の教育・研究機能を高めることは、高度な研究と全人格的な教育を行う大学の内在的要求に応えることである。特に、多様な文化や背景を持つ者がともに学ぶことは、新たな知的発見を通じ、知識技能のみならず、人格的にも大きな成長が期待できる。ややもすれば内に閉じていると指摘されることがある我が国においてこそ、大学教育のグローバル化に積極的に取り組み、大学教育の構造転換を果たすことが求められる。

同時に、急速に進む社会や産業界のグローバル化の中で、大学の教育研究機能が、社会の発展を支える重要な要素のひとつとして、我が国の国際競争力を高めることに貢献することが求められている。（強調は著者）

ここで、「知識」とともに「人格」と「成長」に言及されていることに着目すべきである。国民国家をはじめ政治権力に対するクリティカルな視点より自己を考えることとは言えなくとも、国民国家の枠と目標に抑えられないフマニタスの理念はうかがえるようになっている。

大学がどのようにグローバルな展開を見せ、これからどのようなことが可能になるかは、その可能性を思い描く、新しい意識のヴィジョンを明確に表現してみる必要性は重要だ。近代の教育史と知識生産に付きまとった人文学——国民国家のネクサスを持続的に批判していけば、これまで私たちの思考と想像力を閉ざされたものにしていた資本主義と国家の軛《くびき》から幾分解放された新しい人文学研究のヴィジョンとその実現に導かれるであろう。グローバリゼーションという名で括られる様々な事象（新自由主義と反新自由主義、ディスコースと実践）との間に弁証法的関係があることを認識すれば、その対応としての大学のグローバル化を意識的に統御し、定める目標に向かって導き、現実化することも不可能ではないだろう。おそらくは誰の手にも余るような世界史的うねりの中に呑み込まれている私たちは、その中にあって限られた力をどのように使うかを決める自由が私たち自身の手にあるということを知るべきだ。資本主義あるいは国民国家を倒すことはできない。そもそも資本主義あるいは国民国家といったものが私たちの生きる世界の思想的社会的な枠組みとなっており、その定義さえが不可能に近い。私たちにできるのは、変化のプロセスの只中にいて資本主義と国民国家（と新保守主義）に対する批判的スタンスを保ち続けて、限られているエージェンシーを有効に使うことである。日本政府の大学グローバル化の政策がもたらしている大学の変化とともに、人文学研究に内在していた政治性の問い直し、グローバルな人文研究と教養教育の可能性を思い描き始めるべきではないだろうか。

日本の大学のグローバル化によって、研究者の移動の増大、大学の組織的な適応（学部再編・新設など）、外国人研究者の受け入れ・雇用、大学の国際的な進出などの変化が起こっている。これは、日本の大学のトランスナショナルな教育と研究の協働性を増大させ、日本をこれまで世界の様々な地域に局在し分断されていた教育と研究と結びつける可能性を高めている。このポジティブな可能性を具現化させ、アメリカとほかの地域の大学と合流し、それによって、グローバル時代に合致した、常に自己と社会の存在とその存在の条件に対する自省的批判性を持つフマニタス――これまでのように人類を国民国家単位で分断するのではなく、繋いでいくフマニタス――を構想し、グローバルな研究コミュニティー（人文学を含めて）を形成することは、来るべき新しい人文学研究ではないだろうか。この意味で人文学知は、今こそ、日本の大学のグローバル化とともに歴史の曲がり角に来ていると言えよう。

（本章は一部の内容が鍾以江「日本研究の未来―グローバルな知識生産体系へ参入―」『日本研究』第53集（二〇一六）に基づいている）

参考文献

片桐芳雄・木村元『教育から見る日本の社会と歴史』八千代出版、二〇一三年。

曽田長人『人文主義と国民形成―19世紀ドイツの古典教養―』知泉書館、二〇〇五年。

ドゥアラ、プラセンジット「変わりつつある人文社会科学の役割とアジア研究の
アジェンダ」『日文研』五十二号、国際日本文化研究センター、二〇一四年三月、十七―二十二頁。

日本学術振興会「大学の国際化のためのネットワーク形成推進事業（グローバル30）」（http://www.jsps.go.jp/j-kokusaika/）二〇一七年三月二〇日アクセス。

日本学術振興会「グローバル人材育成支援」（https://www.jsps.go.jp/j-gjinzai/kekka.html）二〇一七年三月二〇日アクセス。

日本学術振興会「スーパーグローバル大学創成支援事業」（http://www.jsps.go.jp/j-sgu/）二〇一七年三月二〇日アクセス。

藤田正勝「陶冶・教養」廣松渉、子安宣邦他編『岩波哲学・思想事典』岩波書店、一九九八年。

米国教育使節団『連合国軍最高司令部に提出されたる米国教育使節団報告書：昭和21年3月30日』東京都教育局、一九四六年。

文部科学省「中央教育審議会大学分科会　中長期的な大学教育の在り方に関する第一次報告―大学教育の構造転換に向けて―」（二〇〇九年）（http://www.mext.go.jp/b_menu/shingi/chukyo/chukyo4/houkoku/attach/1297012.htm）二〇一七年三月一八日アクセス。

文部科学省「臨時教育審議会の答申」（一九八四年）（http://www.mext.go.jp/b_menu/hakusho/html/others/detail/1318297.htm）二〇一七年三月二五日アクセス
文部科学省「「留学生30万人計画」骨子の策定について」（二〇〇八年）（http://www.mext.go.jp/b_menu/houdou/20/07/08080109.htm）二〇一七年三月一九日アクセス
文部科学省「中央教育審議会について」（二〇一七年）（http://www.mext.go.jp/b_menu/shingi/chukyo/chukyo0/gaiyou/

010201.htm）二〇一七年三月一八日アクセス。
森有礼「倫理書」大久保利謙編『森有礼全集』（第一巻）宣文堂書店、一九七二年。
吉田文『大学と教養教育―戦後日本における模索―』岩波書店、二〇一三年。
Antonio, Robert J. “The Cultural Construction of Neoliberal Globalization,”*The Blackwell Companion to Globalization*, edited by George Ritzer. Malden, MA : Blackwell Publishing, 2007
Boyer, John. *The University of Chicago : A History*. Chicago : The University of Chicago Press, 2015.
Cummings, Bruce. Boundary Displacement : The State, the Foundations, and Area Studies during and after the Cold War, Masao Miyoshi and H. Harootunian, eds., ”Learning Places : the Afterlives of Area Studies（Durham and London : Duke University Press, 2000）, 261–302.
Duncan, Arne. “A Special Message from US Secretary of Education,” NAFSA. http : //www.nafsa.org/Attend_Events/Annual_Conference/NAFSA_2015_Special_ Message/?impid=hp : ac15_arne_duncan : rotator : jw_2015_05_11. Accessed March 20, 2017.
Good, James A. The German Bildung Tradition, “http : //www.philosophy.uncc.edu/” Accessed March 19, 2017.
Grafton, Anthony, Glenn W. Most and Salvatore Settis, eds., *The Classical Tradition*（Cambridge, M. A. : Harvard University Press, 2010）.
Harpham, Geoffrey G. *The Humanities and the Dream of America*（Chicago : University of Chicago Press, 2011）.
Harvard Gazette. “Professor Theodore Levitt, legendary marketing scholar and former Harvard Business Review editor, died at 81”（June 2006）http : //news.harvard.edu/gazette/story/2006/07/professor-theodore-levitt-legendary-marketing-scholar-and-former-harvard-business-review-editor-dead-at-81/. Last accessed March 25, 2017.
James, Paul & Manfred B. Steger. “A Genealogy of ‘Globalization : ’ The Career of a Concept,” *Globalizations* 11 : 4（2014）, 417-434.
Levitt, Theodore. “The Globalization of Markets,”*Harvard Business Review*（https : //hbr.org/1983/05/the-globalization-of-

markets), accessed March 18, 2017.

Ritzer, George. "Introduction,"*The Blackwell Companion to Globalization*, edited by George Ritzer. Malden, MA : Blackwell Publishing, 2007.

第3章　戦後民主主義の基底音を聞く
――矢部貞治の民主主義論を手がかりに

沈　熙燦

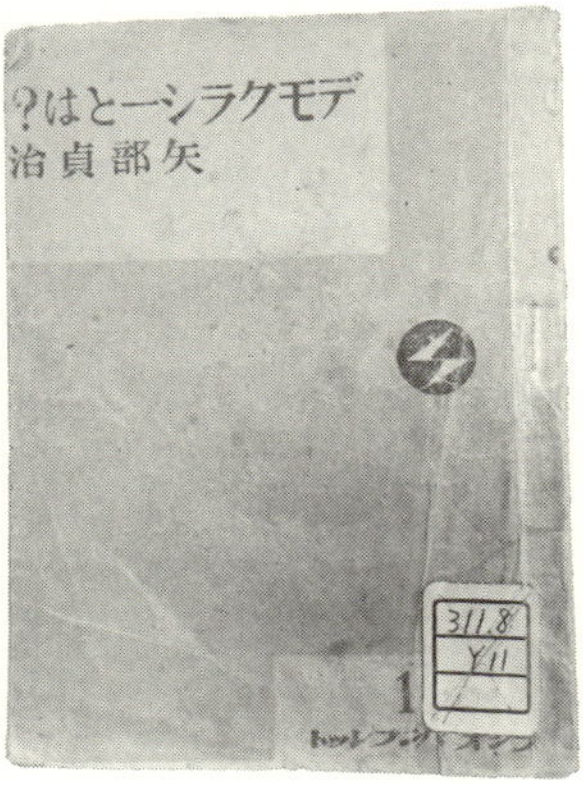

矢部貞治『デモクラシーとは？』日本放送出版協会、一九四六年。立命館大学図書館蔵。

「国旗は忌まわしい風景へと向かう、そうしておれたちのお国なまりが太鼓の音をかき消すのだ。

「市街に行ったら、破廉恥このうえない売春を流行らせてやろうぜ。理に適った反抗など皆殺しにしてやろうぜ。

「胡椒が植えられて水浸しになった国々へ！――産業上の、また軍事的な、残虐このうえない搾取に仕えるために。

「また会おう、ここで、いやどこででも。おれたちは、意欲あふれる新米兵士、そのうち冷酷無慈悲な哲学が身につくだろう。科学にはまったく門外漢、快適さの追究には臆面もない。こんな世界などくたばっちまえ。これこそ紛れもない前身だ。前へー、進め！」

ランボー「民主主義」一八八六年

1　新自由主義と「辺境の民」

「失われた二〇年」を政治文化の側面から眺めると、もっとも目立つのは右傾化やポピュリズムの台頭[1]だといっても過言ではあるまい。「合衆国中心の戦後体制＝パックス・アメリカーナ」の下で「近代化の寵児」を演じてきた日本は[2]、戦後民主主義の理念を掲げ、冷戦期の東アジアにおいて自由民主主義陣営の一翼を担ってきた。しかし、東欧圏の崩落や新自由主義のグローバルな展開、そして昭和の終焉と平成のはじまりと軌を一にして生じた「失われた二〇年」は、日本社会を底なしの長期の停滞と混迷に落ち込ませるとともに、経済的不安や心理的優越感の喪失を人びとに経験させている。その反動として戦後日本における平和と民主主義の価値を否定し、排外主義的・暴力的な認識を助長する退嬰的な動きが、ポピュリズムとともに活発になっていることは周知の通りであろう。多くの知識人やさまざまな市民団体が、戦後民主主義の重要性を切実に唱える所以である。

しかしながら、果たして戦後民主主義は、「失われた二〇年」に現れた深刻な社会変化に対応することができるだろうか。

一九八八年のリクルート事件と翌年七月参議院選挙での自民党の惨敗により、戦後日本を支えてきた五五年体制は重大な岐路に立つこととなる。九〇年一二月には東京株式市場が暴落し、翌年には元従軍慰安婦金学順の証言に触発された植民地支配責任と戦争責任問題が浮かびあがる。九三年には細川護熙の連立政権が成立し、九五年には阪神淡路大地震と地下鉄サリン事件が起きる。デフレは慢性化していき、九九年日銀は初のゼロ金利政策を発表する。小泉純一郎内閣により各種の改革政策が実施されたが、それは新自由主義にもとづいた「雇用なき成長」と「リストラ」を進めるものにすぎず、「ワーキングプア」「ロスジェネ」「負け組」などを量産する結果を招いた。そして二〇一一年三月一一日、未曾有の東日本大震災を経験する。「アベノミクス」や「日本を、取り戻す」といった最近のスローガンは、こうした閉塞感からの脱皮を訴えているわけだが、「失われた二〇年」が世界的な現象の一環であるかぎり、日本だけが時代を逆行することはありえない。

人口減少や高齢化が持続するなか、「失われた二〇年」は今もつづいているのであり、行き先の見えない状況において益々肥大している人びとの不安感と絶望感が、右傾化やポピュリズムを呼び起こしている。ただし、注意すべきことは、右傾化やポピュリズムの拡散を、反民主主義的な動きとして捉えるべきではないという点である。[3] 非正規雇用者の爆発的な増加などは、「既得権益」から「はじかれてしまった人々」や「近代化の敗北者」に対して「本来の民主主義」の回復を唱えるポピュリストたちの戦略に、新自由主義における格差の拡大と自由民主主義の無力さを厳しく突き詰めさせる効果を与えている。[4] こうした現象が「右翼人種主義の諸要素」を帯びていると同時に、「転置」した形とはいえ「労働者たちの抗議」、とりもなおさず階級敵対の側面をも含んでいることを直視する必要があろう。[5]

要するに、新自由主義が強いる無限の競争システムの下で、社会的安全弁がとり除かれてしまった人びとは、右傾化やポピュリズムという排他的方式を通じて、自由民主主義の体制と理念に対して抜本的な変革を要求しているのである。戦後民主主義はこうした要求に対して、どのような応答を用意しているだろうか。

もちろん、自由民主主義の危機を懸念する声は、今まで幾度も発せられてきた。たとえば、一九七三年、デイビッド・ロックフェラーやジミー・カーター、ズビグネフ・ブレジンスキーらの主導で創立された「日米欧委員会」(Trilateral Commission)は、そのプロジェクトの一環として「民主主義の危機」に関するシンポジウムを一九七五年二月にニューヨークで開いている。かれらの関心は、急変しつつある世界の現状において、果たして民主主義は「統治能力(governability)」を保持することができるだろうか、という点に向けられていた。[6] このシンポジウムは、新自由主義時代の民主主義のあり方を先駆けて論じたものとして興味深い。
シンポジウムで報告を行っているサミュエル・ハンチントンは、資本や権力の立場から民主主義が重度の危機に陥っていると主張する。ハンチントンは、一九六〇年代から公共の利益や諸制度への参加、平等を主張する大衆の抗議が頻繁に行われるようになったが、その過度な「民主主義の高揚」が、むしろ民主主義そのものを機能不全に追い込んでいると断ずる。ただし、そうした民主主義の危機は外部の要因によるものではなく、民主主義自体の矛盾――多様な人びとの政治的参加を容認せざるをえず、それゆえ政府の統治能力は限界に達している――から生まれたものであり、そのため「大幅な節度」が必要であると述べる。

民主的な政治制度が効果的に作用するためには、特定の個人や集団において、ある程度の無関心・無関与があることが常に必要である。過去にはいかなる民主的社会でも、多かれ少なかれ、実際に政治に参加できない辺境の民【marginal population：引用者】が存在した。ある集団にとっては、この辺境性すらも、それ自体、本来的に非民主的なものではなく、むしろ、民主主義が効果的に機能するための要因の一つですらあった。黒人のように、辺境社会集団は、今日ますます政治制度への完全参加を目指している。しかし、政治制度に対し、その機能の拡大と権威の低下を要求するがごとき荷重超過の危険が残る。特定集団における辺境性を軽減するには、すべての集団における自己規制の強化が要請される(7)。

ハンチントンにとって「民主主義の危機」をもたらしている根本的な原因は、「辺境の民」から求められるものであった。あくまでも資本と権力のパートナーとしての民主主義を論じるものにすぎなかったとはいえ、「政治の「アウトサイダー」やアウトサイダーのごとくふるまう候補者が、当選に向かってかえって近道《インサイド・ロード》に立つ」こととなり、「政党体制」は「終焉」を迎えるであろうとするハンチントンの皮肉は、[8]今日のポピュリズムを的確に予想したものとみなしうる。いうまでもなく、民主主義において各個人は生得的な自由を政治的不可侵の領域として確保しているし、いかなる理由でもその自然権を奪うことは——形式的には——できない。自由を認めざるをえないというジレンマが、民主主義の危機の核心をなしているとハンチントンは考えているのである。

このジレンマが民主主義に内在する矛盾に端を発しているかぎり、日本においてもその状況は変わらないはずだが、当時のシンポジウムでハンチントンとともに報告を行っている上智大学教授綿貫譲治は、「日本民主主義（あるいは、よく用いられる言葉でいえば「戦後民主主義」）にたいする愛着」を率直に認めた上で、「民主主義には、依然として、未来がある」と述べる。[9]綿貫は幾つかの理由を挙げて、[10]「ことに日本以外の読者に述べておきたい事柄は……将来において、日本が民主主義体制を放棄したり、その価値を否定することは、ほとんどあり得ない[11]」と強調し、さらに「日本民主主義」を「二一世紀の民主主義の、一つの範例」として提示する。[12]

民主主義の危機をめぐってこのような「楽観論[13]」を展開する綿貫の姿に、戦後民主主義の理念と価値に安住してきた日本の知識人たちの肖像をみてとることもできよう。しかも、当時のシンポジウムが

「民主主義が最も良く運用されたのは……経済的福利が徐々にではあっても、相対的には絶えず増大してゆくような社会においてで」あって、「ほどよい経済成長と比較的安定した物価は、社会的・経済的安定の達成には必要不可欠」で、「政治的民主主義は経済成長を必要とする」という認識にもとづいていたことを指摘しなければならない[14]。綿貫の「楽観論」もまた「日本経済の成長のおかげで、政府は必要な財とサービスを大量に獲得することができたし、それにより、増大する国民の要求にも応じて、財やサービスを分配することも可能であった[15]」という、新興経済大国としての日本の財力への信頼に裏づけられていた。したがって、かれにとって「今後の経済成長が現在と同じ速度と形で」つづけられること、また「経済成長と経済繁栄をたえず維持して」いくことは、日本における民主主義体制の擁護のための至上命令でもあった[16]。

だとすれば、経済成長と歩幅をあわせてきた戦後民主主義が、「失われた二〇年」において低迷をつづけていることも当然の帰結といえよう。むろん、反主権国家的な性格を有する憲法九条をはじめ、戦後民主主義は人類共通の普遍性を内蔵しているだけでなく、社会的弱者や少数者たちの権利と福祉の増進にも大きな役割を果たしてきたことは否定できない。

とはいえ、政治的・経済的権利を剝奪された「辺境の民」を大量に生みだしている今日の諸問題に対して、戦後民主主義が適切な対策を提示しうるとは思えない。なぜなら、後述するように、戦後民主主義自体に「辺境の民」をあぶりだす機制が含まれているからだ。

汚れた風呂桶の水を捨てようとして赤ん坊まで流してしまうことを恐れてはならない。赤ん坊こそ、風呂桶の水を汚している原因だということを認めるべきである。自由民主主義が根源的な危機に陥り、右傾化やポピュリズムが拡大している今日、戦後民主主義の普遍的側面を発揮させるためにも、まずはその意味と内容を徹底的に問いなおさねばならない。

以下では、戦後民主主義におけるもう一つの系譜として、東京帝大出身の政治学者矢部貞治（一九〇二〜六七年）の民主主義論を位置づけてみたい。[17] 戦前、近衛文麿のブレーンとして、そして戦後は三木武夫や中曽根康弘などの相談役として現実政治に深く関わっていた矢部は——政治を決定不能の次元に放りだす——自由主義や多元主義の言説、そして——自由な個人の平等な結合という民主主義の原理そのものを否定する——観念論的な右翼のアジテーションを止揚しつつ、資本主義の諸問題を乗り越える民主主義の基礎を築こうとした。

次節から詳しく論じるが、かれの独自の民主主義論は、英米の民主主義理念を賞讃するいわばオールド・リベラルの立場と、天皇制を批判する左翼系の知識人たちの立場とを同時に克服することを目指していた。そのさい、矢部が悩んでいたのは、ハンチントンの指摘するようなジレンマ、すなわちその理念を求めていけばいくほど、社会の安定に亀裂をもたらし、結局のところ自壊に向かってしまう民主主義の矛盾であった。矢部はその矛盾をどのように解きほぐそうとしただろうか。この矢部の試みは、戦後民主主義の隠れた基底音として潜伏しつづけていると思われる。長い間「戦後の進歩的知識人」を「呪縛」してきた「民主主義」の問題を捉えなおすために、[18] 以下ではこの隠蔽された基底音の実体を浮き彫りにしてみたい。

2 「共同体的衆民政」、あるいは帝国の民主主義

内容と形式

一九三〇年代、東京帝大の助教授だった矢部にとっても、大衆の登場や多様な要望の噴出、そして政府の統制力の弱体化現象は、新たな政治学の論理を要請するものとして現れていた。

現代、特に最近戦後の社会事象は、思想上に於ても、社会経済政治上の実相に於ても、凡て退迷動揺錯雑を極め、近代思想の根元たる個人主義合理主義相対主義の行詰り動揺、懐疑主義ディレッタンティズム物質主義の瀰漫特権貴族階級及中産階級の没落、経済組織の全世界化、資本家及労働者階級の国内的及国際的対立闘争、自動車と電話と飛行機、キネマとラヂオ、広告と宣伝、義務教育とヂャーナリズムの量的大衆文明の進軍、更にこれと相伴つて政治上には、国際関係の革新、君主政の崩壊、大国家の分裂、小国家の簇立、憲法の更新、統治の組織及職能の改造、参政権の急速なる拡大、国民統制の促進、衆民政《デモクラシー》乃至議会政の威信失墜、階級闘争戦術の先鋭化、諸々の独裁政の出現等等、互に相関連し相矛盾する雑多の変転推移を見るのである。[19]

若き日の矢部の問題意識は、「資本主義の高度な発展と「大衆社会」の成立が様々な政治的矛盾を[20]」

生みだしているという点に向けられていた。とりわけ「衆民政危機」[21]こそ、政治学のとり組むべき急務の課題と認識されていた。衆民政とは、democracy の訳語として用いられているが、「デモクラシー」または「民本主義」など、当時すでに使われていた言葉ではなく衆民政を選んだのは、指導教官であった小野塚喜平次の翻訳にしたがったものではあるが、「量的大衆文明」における民主主義という意味をさらに強調するためだったとも思われる。この「量的大衆文明の進軍」は、資本主義の諸問題を解決しえなかった自由主義的な議会制民主主義に困惑をもたらしている。なによりも「衆民主義の根基をなし来れる、一般意思《ヴォロンテ・ゼネラール》の優位、法の普遍性、国民及国民主権、国家法人説、自由、平等、選挙、代表主義、議会主義、多数決等の諸原理の擬制的仮面の現実暴露を行ひ、部分利益の一般利益に対する挑戦[22]」が深化しているのだ。

このような「衆民政危機」の原因と対策を掘り下げて考えるため、矢部はヴァイマル共和国における政治哲学および法哲学の理論に注目する。近代性と人間性に対する信念の完全なる没落を引き起こした世界戦争の後、自由民主主義の価値を防衛するためヴェルサイユ体制と国際連盟が登場したことはよく知られているが、その精神をもっとも克明に示していたのがヴァイマル憲法であったといえよう。このヴァイマル体制をめぐってヨーロッパで行われていた論争に目を配っていた矢部は[23]、主にフェルディナント・テンニース、ハンス・ケルゼン、カール・シュミットなどの議論を組みあわせることで独自の「共同体的衆民政」論を紡いでいくようになる。

テンニースやケルゼン、シュミットが、それぞれ矢部に及ぼした影響を具体的に検討する余裕はないが、とりあえず、矢部の理解を中心に重要な点だけを指摘しておきたい。矢部は民主主義に関する基本的な思考をケルゼンから学んでいた。周知のように、オーストリア出身のケルゼンは、新カント学派の立場から法実証主義を体系化した法学者である。なかんずく事実と規範を一致させる認識論を退けるカントの「方法二元論」にもとづいて、事実に対する規範の自律性を保持しようとしたのが、ケルゼン法理論の最大の貢献だったといえる。同様にケルゼンは、民主主義における内容と形式を切りわけ、個別的な内容に左右されない民主主義の形式を築きあげようとしていた。こうした分離を通して、利益集団や権力の干渉から民主主義という制度を守ろうとしたのである。そして形式としての民主主義にその存立の根拠を与えるのが「自由」の概念であった。したがって、民主主義の基盤としての自由は、同時に志向すべき理念にもなる。[25]矢部が生涯を通じて「自由」の顕現――「人間人格の保護完成」[26]――を自らの民主主義論の最大の課題にしていたことは、こうしたケルゼンの影響によるものと思われる。

民主主義に関してその内容を重視する場合には、単なる専制や独裁がむしろ民主主義に近いものと認識される恐れがある。矢部がケルゼンに立脚して民主主義の形式に重点をおくのはそのためであるが、問題はその形式が自由の理念を充分に汲みとることができないところにあった。

彼【ケルゼン：引用者】による純粋理念としての民主主義の型は、一体的なる国民が自ら直接に自己を治める国家乃至社会形態である。それの本質は、「個人的自由」の理念の、社会生活に於ける完全な実現に在る。然るにその現実型は、結局議会政、政党政治、官僚的行政、指導者支配の形態たらざるを得ず、それは個人自由の理念と現実的諸制約との妥協にほかならぬ。その本質は、決して個人自由の完全な実現には非ずして、唯、出来るだけ多くの成員を、国家意思決定、指導者選出の過程に参与せしめ、無数の対立せる主張利益を前提とし、それの「弁証法的背反的」……な妥協に依つて、平和的な「社会統整」（Soziale Integration）を可能ならしめる、手段、形態たるに在るのである。……それは唯、現実的制約の中で、出来得る限り衆民政本質の実現を図るための形態として、考察せられた一連の推論に過ぎぬ。(27)

なによりも自由を優先するケルゼンが、自由と支配の相克を埋めるために練りあげた論理とは、「一体的なる国民が自ら直接に自己を治める」という、すなわち「「個人的自由」の理念の、社会生活に於ける完全な実現」であった。ただしそれを現実化していく時には、ある地点で「妥協」を図らざるをえず、それゆえ「平和的な「社会統整」」を前提とする「推論」に変質してしまう点を考慮すれば、「衆民政危機」に対する根源的な方策にはならないのである。矢部にとって「個人主義」に依拠しているケルゼンの論理は、平等の概念を粗末に扱うため資本主義の諸問題を解決するには不充分であり、(28)しかも共同体というものを、ゼロの状態からさまざまな「妥協」によって作られるものとみなしている点で批判されなければならなかった。

私は、その核心は左の四点に集中すると考へる。即ち第一は、彼が衆民政を内容に非ずして単なる形式なりとする点、第二は、衆民政の理念を、個人自由に在りとし、団体主義、平等主義を斥くる点、第三は、衆民政の現実形態を、必然的に議会政、政党政治なりと断じ、経済的平等との結合を否定し、その本質を、妥協による社会統整に見る点、第四に、衆民政の価値を、相対主義の世界観に拠つて主張する点、である。(29)

矢部の民主主義論は、ケルゼンから甚大な影響を受けながらも、「決して個人自由の完全な実現には」至らないその自由民主主義的な傾向と格闘する過程を通じて形作られたものといってよい。現代を「ルネッサンスの所謂「人間の発見」以来発展し来つたところの、人間個々人の理智と経験の基礎に立つ、全思想体系の危機」と診断する矢部は、「思惟の自由《リベルテ》は遂に放縦《リベルティナージュ》に堕し」、その結果「凡ゆる領域に於ての「無政府」「真理と価値の無政府」状態がもたらされていると述べる。(30)「これがレッセ・フェア経済の辿りついた姿である。それは生産と消費の、否、社会生活全般の、無政府である(31)」。

個別性と一体性

学生時代に労働者の直接行動を訴える麻生久の演説に感動し、一九三〇年の総選挙でかれに投票していた矢部が(32)、「既存の政治体制である「自由民主主義体制」（当時の日本の場合をこの様に規定することにはたくさんの留保が必要であろうが）」と、「その政治的表現である政党政治・議会制、その思想的根拠たるリベラル・デモクラシー、経済的表現たる私有財産制度等」に批判の焦点を当てていたのは自然なり行きであった。[33]一九三五年から約二年間欧米に留学した矢部は、とりわけロンドンにおいては、主にフェビアン協会に出入りする日々を送っていたというが、[34]そのかれがケルゼンとその背後にある「個人主義」を批判するための理論的武器を、「反資本主義社会組織」[35]「公共の福利が最高の原理」「国民一体の総有」[36]などのスローガンを民主主義の核心として掲げていたテンニースの「団体主義」から求めていたことも納得できる。

矢部がテンニースの民主主義論をどのように受け入れたかは、その独特な「代表」概念の理解によく現れているので、少し詳しく説明しておきたい。民主主義社会における代表とは、一般的に公正な投票を通して選ばれた人びとや団体を指す概念であり、かれらは国民の意向と利益を代弁することを要求される。そして直接民主主義が現実的に不可能なものとして拒まれる状況において、選挙と代表を通して構成される代議制民主主義は、あくまでも他人に譲渡しえない生得的自由——単独性(singularity)——の概念にもとづくものでなければならないとされる。

ただし、しばしば指摘されるように、代表と「代表性」の間には相当な隔たりがある。投票のさい、単独性を保有している個々人は、否応なく数字「一」に還元されざるをえない。これは富者と貧者、男性と女性などが同等な権利をもつという平等の原理によるものだが、問題はあらゆる構成員間の差異、すなわちそれぞれの単独性が消されてしまい、単なる「一」の集計によって代表が選出されるという点にある。またそのように「一」の合計によって選出された代表が、果たして構成員全体の普遍的な意思を反映することはできるのか、という問題もでてくる。[37]

矢部はこのような代表性の概念を再考することで、代議制の弊害を問おうとした。「人間人格の保護完成」を重視し、民主主義の本質が「全成員の人格と意思とを通じて、一体的意思と利益を決定運用する」点、また「凡ゆる個別性を前提とし、下より上への過程に於て、一体性へまで統整する」ところにあるとする矢部にとって[38]、その「全成員の人格と意思」「個別性」をただの「一」におき換える代表の概念は批判の対象になるほかなかった。

ここで矢部は、テンニースの有名な「ゲマインシャフト」と「ゲゼルシャフト」の区別を用いて、個人の意思と団体の行為がどのような関係をもつのかを説明する。矢部によれば、人びとが自分の属する共同体と無媒介に結びつくゲマインシャフトにおいては、個人と社会の関係は「表現」となり、特定の目的にしたがって組織されるゲゼルシャフトにおいては「代理」になるという[39]。個々人の存在が有機体的全体構造のなかに織り込まれている場合、あらゆる意識と行動は、その共同体の論理と不可分のものとなる。すなわち、全成員が共同体の原理に埋没しているゲマインシャフトにおいては、個人の意思や行為は、ただちに共同体そのものの「表現」となるのである。個人の自由が先験的な共同体に収斂されるこの構造においては、全体的統一性を保つことはできるだろうが、「個別性」を前提とする「人間人格の保護完成」が発現する余地もなくなる。

これに対して「代理」は、私的利益によって構成される社会の論理を指す。先験的な共同体に束縛されることなく互いに独立した個体として存在する人びとが、一定の目的や営利を追及するさい、その事務を代わりに管理・執行してくれる人物や団体を選任する関係をいう。したがって、この「代理」関係においては全体的・一体的意思は成立しえず、もし成立するとしても、それは任意ないしは仮のものにほかならない。ここでは全成員の共通の基盤となるのが、もっぱら私的利益にすぎないため、その利益の共有に齟齬が発生した場合には、各個人は分化・原子化の道を辿ることになり、終局には「無政府」状態が蔓延ってしまう。

要するに、「表現」は、有機体的統一性の下で個の単独性を否定し、個の自由を重視する「代理」は、全体性を分解するのである。これを国民国家のレベルで考えるとつぎのようになるだろう。すなわち、日本列島に生まれたある人が、自分自身を先験的な「日本人」と無媒介に同一視する場合、そこに単独性としての自由が認識される可能性は削除される。逆に、かれが「日本人」になることをもっぱら私的利益や打算にもとづいて受け入れる時には、上位の集団としての日本の地位が不安定なものになりかねない。

矢部はこの「表現」と「代理」の間隙を埋めるものとして「代表」の概念を提示する。つまり、「ゲマインシャフト＝共同体／表現」と「ゲゼルシャフト＝目的社会／代理」の間に中間形態としての「代表」を挿入し、その両極の結合を企てるのである。この「代表」は、「凡ゆる個別性を前提とし、下より上への過程に於て、一体性へまで統整する」民主主義を媒介する中核となる。

「代表」原理の固有の領域は、上に説く如き、「代理」と「表現」の両要素が、同時的前提として結合さるゝ所の、中間的社会関係に於て、初めてその基礎を獲るのである。代表は即ち、一体的共同生活が初めより存在し、精神的紐帯が、過去より将来に亘る全成員を包括して、定まると、もに、その中には、成員個々人の分化と自我意識が明確に現はれ、理性と目的による共同生活の秩序とその発展が、要請せらる、所の、社会関係に於て生れ、且必然となるところの原理である。(40)

この「「代表」原理の固有の領域」においては――少なくとも論理的には――単なる「一」として個々人の単独性が放棄されることはなく、さりとてその総計が普遍的な統一性を失うこともない。「代表」概念を通して、人びとは予め存在する共同体の活動に、生得的自由を保持しつつ参画することが可能となる。矢部にとっては、「日本人」たることを所与のものとして受け入れる社会関係、そして一定の利益や目的のために「日本人」たることを選ぶ社会関係は、すべて非民主主義的な態度として否定される。「日本人」たらんとする主体的自覚を通して形成される社会関係こそ、「代表」の概念を踏まえた真の民主主義となるのである。

ジャン＝ジャック・ルソーの「一般意志」とは――ケルゼンのように無から共同体を作るための契約などではなく――「過去より将来に」わたって超歴史的に存在する共同体を土台として、それへの自発的な参加を迫るものであり、その意味では「代表」概念とかけ離れているわけではないとされる。矢部の「共同体的衆民政」論の核心には、この「代表」の概念が据えられていた(41)。それは、共同体を「自然」として受け入れる態度を拒否し、自覚的な参加を通して共同体の論理を構築しようとした点で、いわば近代的主体形成の企画を民主主義の領域で進めるものでもあったといえる(42)。

衆民政そのもの、理念は、決して単に個人自由のみではなく、万人の自由の尊重にある。個人々格と、もに全人の公共福利を、その最高原理とするのである。個人々格を統合して国民共同体を完成するが、同時に国民共同体の中に於てのみ個人々格の発展を認むるのである。自由的衆民政に忘れられてゐたこの国民の一体的共同体原理を再興し、大衆国家の上に新しい衆民政を建設するものこそ、「共同体的衆民政」の原理である。(43)

ここで「個人々格と、もに全人の公共福利」を「最高原理とする」民主主義の理念が「国民共同体」に求められていることが確認されるが、その「国民共同体」というものが「表現」の関係としての共同体との否定的媒介――「自覚」――を通してなり立つものであるかぎり、それが「精神的共同体(44)」の特性を帯びるのは必然であったともいえよう。

饒舌と決断

矢部はケルゼンの「個人主義」とテンニースの「団体主義」を結合させることで、当時の自由民主主義の危機を突破しようとしたと要約できる。「個人意思」を尊重しつつも、その「雑多に分裂する」傾向を否定し、「共同体の一般意思」への「統合」を狙う「共同体的衆民政」を基礎づけようとしたのであり、それを通して「個別的分化的な意思」を「階級的乃至職能的利益の対立」に帰結させない「民族的政治的一体性」を求めたのである。(45)要するに「共同体的衆民政」とは、日本人としての自覚を促す近代国民国家の政治工学にほかならなかったのである。[46]

このように、矢部は「一体性としての国民が、多数性としての国民を支配[47]」する政治システムの構築を目指していたわけだが、その具体的な方法論として注目されたのがカール・シュミットの諸論である。共同体の掟と距離をとる主体が自覚されたとしても、それがただちに国家の政治に自発的に参加するという保証をえることはできない。部分を全体に統合させる「共同体的衆民政」を支える現実的制度が必要であったといえよう。

シュミットは、「自由主義的思考」を「国家および政治を回避ないしは無視する」ものとして厳しく批判していたが[48]、そのさい理論的闘争の対象として想定されていたのは「饒舌を事とし、決断が下せない自由主義者、つまり市民（女性）」、そしてその背後にある「新カント学派の法実証主義の流れ」および「規範主義と普遍主義」にもとづいている「議会民主主義」であった[49]。なぜなら、そうした認識は、敵対の意識をとり除いた人類一般という普遍的価値を設定することで、政治の根源となる敵と友の区分を「倫理的なもの」「経済的なもの」に「拘束」「従属」させるだけでなく[50]、「戦争」の可能性をも抹消するからである。

人類そのものは戦争をなしえない。人類は、少なくとも地球という惑星上に、敵をもたないからである。人類という概念は、敵という概念と相容れない。敵も人間であることをやめるわけではなく、この点でなんら特別な区別はないからである。……「人類」は、帝国主義的膨脹にとって、とくに有用なイデオロギー的な道具であり、その人倫的・人道的形態において、経済的帝国主義のための特別な器である。……すなわち、人類を口にする者は、欺こうとするものである。……敵から人間としての性質を剝奪し、敵を非合法・非人間と宣告し、それによって戦争を、極端に非人間的なものにまで押しすすめようという、恐ろしい主張を表明するものにほかならない。……この普遍的社会の内部には、政治的単位としてのいかなる国民も、さらには闘争するいかなる階級、敵対するいかなる集団も、もはや存在しないであろう。[51]

シュミットは「平和的な「社会統整」」を前提とする議会制を否定し、「主権者とは、例外状況にかんして決定をくだす者をいう」[52]と定義する。矢部は、このシュミットの政治論が「「同質性」(Homogenität)の原理[53]」に則っていると読解する。

必要あらば強硬に、異質的なるものを拒否する。それは一例の「同一性」(Identität)の観念より成る。即ち、「国家と国民、統治者と被統治者、支配者と被支配者、国家権力の主体と客体、国民と代表者、国家と法、量と質」等等の同一性の原理である。かくの如き衆民政の中に、異れる対立諸利益、差別、利己主義を前提とする、自由主義思想に基く議会政なるものは、存在の余地がない[54]。

矢部がシュミットの議論から同質性の原理を読みとるのは、すでに述べたように「個別性」を「一体性」として総合しようとするさい、「異質的なるもの」を排除する必要があったからだろう。あらゆる主張に同様な価値を認める自由主義と議会制・政党制の下では「饒舌」が飛び交うことになりかねないが、それを防ぐものとして「決断」の意義を最大限に引きだしうる執行権の強化と「独裁」が要請される。

政府は、国民の委託（Mandat）に従ひ、エフォラアトの統制に服するといふ制限の他は、立法執行上に絶対的権力を認められる。それは真正なる「執行制」（Direktorium）であり、所謂「委任的独裁政」（kommissarische Diktatur）と言ひ得るものである。[55]

若しシュミットの所謂「受任的独裁」……ならば、そは毫も衆民政と矛盾するものではなく、更に所謂「主権的独裁」（souveräne Diktatur）であつても、具体的状勢に依つて、そが衆民政憲法の、より理想的なる実現のために、不可避的に行はるるものならば、少くとも、衆民政理念の立場に於ては必ずしも絶対的に反衆民政的ではない。[56]

矢部は「参政権の裾が拡大して、機械化・平均化せられた大衆が土台となればなる程、権力組織は集中的に尖鋭となること必然であり、即ち現代大衆国家に於て、自由なる国民意思に基きつつ而も強力なる執行権の機構を制度化せざるを得ぬといふ点に於ては、正に独裁政機構そのもの[57]」が求められるという。ただ、こうした独裁政は――ケルゼンの強調する――民主主義の形式自体を破壊してしまう危険がある。そのため矢部は、独裁政はあくまでも「外的権力に依て操縦せられたる偽瞞[58]」を退け、「一般投票的な執政的形態[59]」をとらねばならないと主張する。そのかぎり「一種の帝政的形態（Césarisme）は、大衆的衆民政の模型とも言ふべきもの[60]」になるのである。

以上、矢部がケルゼン、テンニース、シュミットらの議論を参照し、独自の「共同体的衆民政」論を確立していく過程を考察した。それは、自由民主主義の無力さを乗り越えつつ、大衆の登場と資本主義の蚕食に抗って政治の場所を確保しようとした理論的闘争の産物だったといえる。その「共同体的衆民政」論を当時の日本の状況と絡ませながら、矢部は「組織的改造」を訴える。

この意味に於て、我国に於ける、普通平等選挙権に基く議会及び政党政治の存在とその完成への努力には、尚積極的なる意義が存するのである。併し乍ら、機械的大衆文明の進展と資本主義の独占化の傾向が、益々欧米諸国の段階に追従する限り、上に述べたる一体的「統整」のための組織的改造は、日を追うて緊急の要請となるのである。かかる目標に依つて、元老、軍閥、枢密院の諸制度は固より、両院制、議会議事手続、選挙制度の組織的改新、及び社会的経済的基礎の強固なる改革を行ふべきは、既に緊急なる問題をなすのである。[61]

ただし、敵の形象を非人間として人類から追放する自由民主主義的な普遍主義・多元主義の企画を批判するシュミットの議論を、単なる「異質的なるもの」の排除として理解した時点で、すでに「共同体的衆民政」に立脚した矢部の「組織的改造」は、暴力の徴候を含まざるをえなくなったといえる。[62] いい換えれば、矢部の「共同体的衆民政」論は、敵対する勢力を非人間として共同体から追放する自由民主主義の限界をくぐり抜けることができなかったのである。矢部の民主主義論は、表面的な対立にもかかわらず、結局自由民主主義の範囲内に留まってしまったともいえよう。ここに矢部の民主主義論の躓き、あるいは理論的敗北を読みとることができる。

とりわけ、矢部が自身の論理を確立していった一九三〇年代の日本が、植民地を領有していた帝国でもあったということを忘れるわけにはいかない。以後、「昭和研究会」のメンバーとして大東亜省嘱託をつとめるなど現実政治に足を踏み入れていく矢部は、[63]「共同体的衆民政」をさらに拡大した帝国の民主主義としての「大東亜共栄圏」を構想する。そこで被植民者――あるいは辺境の民――たちは、日本人としての自覚をもち積極的に戦争に参加するか、または異質なものとして排除されるかの二者択一を強要されることになる。

3　ルソーの相殺と「協同民主主義」

矢部が強調する異質性の否定が、共同体の掟から解き放たれた個々人に「日本人」になる決断を迫るものであったことは先述した通りである。エルネスト・ルナンの表現を借りていうなら、[64]「日本人」は、先験的共同体としての「日本人」になることを「決断」しなければならないし、それによって民主主義の主体を構成することもできるようになる。このような暴力の徴候を含んでいる矢部の民主主義論は、敗戦後さらに閉塞していく。

敗戦後の憲法改正過程において矢部が果たした役割に関しては、すでにある程度明らかになっている。[65]アメリカ型の自由民主主義に反感をもっていた矢部は、内閣副書記官長高木惣吉の依頼を受けて、一九四五年一〇月三日付けの「憲法改正法案」を提出し、「此ノ機会ニ自主的ニ憲法ヲ改正」するとともに、「天皇統治ノ大本ヲ維持シツツ」「可及的民意ヲ基本トスル政治体制ヲ実現」するのが望ましいと述べる。[66]主権の所在を天皇から国民に移していくことが求められていた時期に、矢部は「天皇ハ実権ヲ行使セス」「「天皇」ハ之ヲ "Emperor" と訳サズ、寧ロ "Tenno" ト訳スベシ」と一歩退いた見解を示しつつも——シュミットの「主権者」と「例外状況」に関する議論に倣って——「国家非常ノ場合ニ統一ノ中心タルコトヲ期待ス」と論ずる。[67]

また、同年一〇月二二日から二四日まで、ラジオ放送を通じて「デモクラシーとは？」という講演を行い、「人民主権」と「君主」は「絶対に相容れないもの」ではなく、「現実の政治制度としてのデモクラシーは、君主主権とか人民主権とかいふやうな憲法上の主権論とは必ずしも関係なしに、実現出来るもの」だという。[68]

主権の所在に関する議論の如きは内容空虚な抽象論に過ぎない。民主主義はこの様な主権論のドグマと本質的には無関係で要するにそれは先述の如く国民一般の参政に依り民意に基づいて政治を運営せんとする制度乃至形式に過ぎぬ。斯る制度の上に元首として国家統一意志の形式的表現者乃至国家内諸勢力の最高の調節者として君主を認めることは必ずしも民主主義の本質と矛盾するものではない。[69]

法理上の主権の所在を曖昧にしたまま、形式を重視するケルゼンの論理を転用することで天皇制と民主主義を両立させようとする意図が確かめられる。ただ、前節で述べたように、矢部は共同体の存在を妥協の結果とみなすケルゼンの議論を批判し、共同体――すなわち日本国――の超歴史的特性に立脚してこそ、「共同体的衆民政」は成立しうると考えていた。敗戦と連合軍の占領という国家存亡の危機において、矢部は民主主義の根拠となる「精神的共同体」を天皇に求めていく。

斯る国家生活に於て伝統的権威と統一力の重要性を忘れてはならず斯る伝統は国に依り異るが他国のそれが何であれ日本では天皇制に凝結してゐる。……特に本質的に遠心化的、分散的な原理を内包し、放置すれば無政府へ至らざるを得ぬところの民主主義に対しては、国家の統一秩序のため求心化的、集中的要素を強化することが絶対不可欠である。斯る求心化の中心としての天皇制は日本に民主主義化が徹底されればされる程不可欠である。[70]

ここで天皇は、内部の様々な敵対関係を解消する「求心化の中心としての」位置を与えられる。矢部は、「天皇制民主主義」ともいうべきこの奇妙な構造を「協同民主主義」と名づけ、「古い自由民主主義の型を脱却」しつつ「英米的民主主義と蘇連的階級克服とを止揚」することを掲げる。(71) 敗戦後も矢部が「自由な個人と秩序ある団体生活との完全な調和こそ、デモクラシーの理想であります。この意味で、デモクラシーの「自由」は、いはゆる「国家からの自由」ではなく、寧ろ「国家内での自由」又は「国家権力への参与」といふ意味の自由(72)」を強調していたことを勘案すれば、「協同民主主義」とは、つまるところ「共同体的衆民政」の戦後版にすぎないことがわかる。矢部の議論は、憲法一条と九条の同居という奇妙な事態において、その理論的な下敷きを提供するものであったといえる。

注目すべきは、このように民主主義における形式の側面を重視し、国民主権の概念と天皇制とを結びつけようとする矢部が、その理屈をルソーの「一般意志」から探っていた点である。

ルーソーの「一般意志」(la volonté générale) の原理の持つ意味は、一面に於ては、右に言う様な形式性にあることを想わねばならぬ。それは何らかの内容を持つ固定的な「契約」でもなく、又固定的な絶対的「人権」の保持でもない。それは生きて不断に流動する動態的な一般意志が支配するという、形式の原理なのである。民主主義そのものがこの様な形式であるからこそ、国民の教養や社会的経済的条件が大切になるのである。(73)

「民主主義理念の最高の代表者」[74]としてルソーをあげる矢部は、その意義を以下のように説明する。

彼がその理念の中に、個人人格の原理と国民の一体性の原理とを包摂し、自由の原理と平等の原理とを同時に含めた所に、深い意義があるのである。……ルーソーの表面的な矛盾は、その背後で彼の根本的精神をなしている「人間人格の保護尊重」という理念によつて、総合調和され得るものと思えるのである。[75]

矢部がルソーの社会契約論を形式の問題に属するものとして捉えることは、的確な理解といってよい。そして「人間人格の保護尊重」は、その形式の内部においてのみ現実化しうるものになる。しかし、ここで注意しなければならないのは、形式としての「一般意志」が、社会内のあらゆる敵対を除去することによって成立するという点である。ルソーは「一般意志」――矢部の言葉でいえば「共同体の一般意思」――を説明するさい、それと対峙するものとして「全体意志」――「個別的分化的な意思」の集合――をあげるが、そこで「数理的な表現」[76]が用いられていることに注目する必要がある。

全体意志と一般意志とのあいだには、しばしばかなり相違がある。後者は共同の利益だけを考慮する。前者は私的な利益にかかわるものであり、特殊意志の総和にすぎない。しかし、これらの特殊意志から、〔一般意志との距離である〕過不足分を相殺させて引き去ると、差の総計が残るが、これが一般意志である[77]。

この謎めいた説明はなにを意味しているのだろうか。「特殊意志から……過不足分を相殺」するとは、どのようなことを示しているのか。つぎのような状況を想定してみよう。雇用主は賃金の凍結を主張するが、被雇用者は賃金を五パーセントあげることを要求する場合、これを特殊意志の衝突と捉えることができる。そこで互いに譲りあって賃金を二・五パーセントあげることで合意した場合、対立する特殊意志の過不足分が相殺されたといえるだろう。このように社会における多様な主張を「共同の利益」という観点から相殺した後の、その残りの「差の総計」をルソーは一般意志と呼んでいるのである。

ところで、どうしても相殺できないことを要請したり、あるいは相殺そのものを拒否したりする人びとが存在する。「共同の利益」に己を合致させない人びとがいるのだ。本稿の内容にしたがっていうなら、その典型的な例を被植民者、または「辺境の民」に見出すことができよう。「民主主義理念の最高の代表者」であるルソーは、一般意志に亀裂をもたらすかれらの存在を、共同体から追放すべきだと力説する。

ジェノヴァでは、監獄の前門と、ガレー船の囚人の鉄枷に、この自由という語がしるされている。この標語の用い方は巧みであり、また正しい。じっさい、市民が自由であることを妨げるのは、あらゆる階級にいる悪人たちだけである。こうした連中がすべてガレー船につながれているような国では、人々はもっとも完全な自由を享受できるだろう。[78]

矢部もまた、「精神的紐帯」の中心としての天皇の下で、社会のあらゆる対立を相殺し、それができない人びとを追い払うことで新生日本の「協同民主主義」を築こうとしていた。「自由な個人」たちが「公民教育」を通して「水準の高い道義と知識を持ち」「内在的自発的」に「公共生活へ積極的に協力する」ことを理想とする矢部の「協同民主主義」論は、同時に「未成年者」「禁治産者」「破産者」「浮浪人」「犯罪人」などから政治的権利を剥奪することで成立するものであった。[79]この排除と抹消の政治こそ、平和と自由を掲げる戦後民主主義の底流に隠れている基底音ではないだろうか。[80]

4　「辺境の民主主義」を考える

矢部は、生涯を通して民主主義の理念に沿わないものなら、それがどのようなものであれ厳しく批判した。民主主義の実現を妨げる自由民主主義と議会制・政党制は、その典型的な事例であった。したがって矢部にとって「二・二六事件」は、自由民主主義の「現状打開の道」を開こうとしたという意味で「却って歓迎すべきこと」と理解される。[81]親しい関係にあった近衛文麿に対しても、矢部は現実に追従するあまり、本来の民主主義を顕現させようとする志を欠いていると考えていたし、参政権の拡大を恐れ、戸主だけに選挙権を与えようとする動きに対しても、時代の流れに逆行するものとして強く反対していた。[82]

矢部は、大東亜共栄圏の構想を、結論を導くことができず、饒舌を繰り返すことで全体利益に損失をもたらす自由民主主義の弊害を乗り越え、翼賛体制の下で全構成員の力を結集しうる理想的な「共同体的衆民政」を実現する試みとして位置づけようとした。矢部にとって敗戦の原因は、そうした民主主義を構築することができなかった日本社会と民衆の前近代的・封建的な態度に求められるべきで、[83]「大東亜戦争は或程度の必然性を有し、日本の立場にも少くとも半分は大義名分があった」が、「連合軍の方ではこれをファッショと誤解してゐるらしい」と慨嘆する。[84] その意図が、戦後の天皇を中心とする憲法改正の提案と「協同民主主義」につながっていくことはすでに述べた通りである。その具体的な意味合いは、敗戦直前に書かれたつぎの日記の内容から確認することができる。

南原先生その他それから察せられる重臣層等の考へ方は、所詮この大戦は敗北との見透しで望みなき戦ひならば一日も早い中に和平を断ずべしといふにあり。……国体を救ふ唯一の途は、今までの戦争指導は軍部が行ひ、皇室は超越の地位におられたといふ形式で、聖断により停戦を下命されるといふ方法以外にないといふことだ。僕の考へは、こゝまで来れば、勝敗を度外において、真に理想の総力戦体制を確立することが、唯一の勝つ途であり、たとへ武力戦に敗るゝとも将来の日本の再出発のための一大礎石を築くことになるといふにある。国内の分裂を現状のまゝにし、陸軍と海軍、政略と戦略、各省の割拠そして政治と国民との乖離をこのまゝにして敗れたら、これこそ惨めな敗北であり、日本の将来に望み薄しと言はざるを得ぬ。真の国民共同体の礎石をおくことこそ、窮極に於て勝つ途と考へる。国内の分裂を前提としてその分裂を利用することにより皇室を救はんとする考へ方では、皇室を国民から分離し、日本将来の一致団結のため致命的誤謬と言はねばならぬ。……終結の問題はこの国内体制の確立と日本民族の道義力を省いては考へられない。[85]

ここで述べられている「真に理想の総力戦体制」というものが、帝国の民主主義としての「共同体的衆民政」であることは多言を要しない。その完遂こそ「窮極に於て勝つ途」になるとみなされている。戦後における憲法改正の過程に深く関わっていた矢部が、どのような思いで戦後民主主義のあり方を素描していたのかが推察できよう。

矢部は自分の主張が「ファッショと誤解」されることを懸念していたが、それより大事なのは、かれの民主主義論が――右の引用文にみられる「国民共同体」に、被植民者として戦争に動員された辺境の民たちが想定されていないように――異質なものを普遍性の領域から排除する自由民主主義の論理を粉砕することに、結局失敗した点にある。矢部の議論は、敵対関係を完全に消し去った均質な共同体を前提としているが、それはまさにシュミットが批判する自由民主主義の悪習にほかならなかったのである。矢部は、自由民主主義の矛盾を乗り越えようとするも、むしろそこに呑み込まれてしまったと思われる。この躓きを克服しないかぎり、戦後民主主義の可能性が発揮されることは決して期待できない。

もちろん、戦後民主主義には多様な思想的潮流が存在するし、矢部の議論をもってその全体像を描くことには無理があるといわねばならない。しかしながら、戦後民主主義が、この民主主義のアポリア、つまり包摂と排除の桎梏に強く縛られていることも否定しえないと思う。そのジレンマを浮き彫りにするため、本稿では矢部の議論をもう一つの戦後民主主義の系譜として検討したのである。

史上最大の民主主義の実験場であったパリ・コミューンが、「血の一週間」と呼ばれる残酷な虐殺により幕を下ろした一八七一年五月からおよそ一五年が経った後、アルチュール・ランボーは「民主主義」という詩を発表する。植民地主義的な暴力を煽動する「新米兵士」の叫びに、ランボーが「民主主義」のタイトルを付したことの意味は、より深く掘り下げて吟味してみる必要があると思われる。民主主義を振る舞う右傾化やポピュリズムの暴力が蔓延している今日の世界を想起すれば、なおさらのことであろう。

「失われた二〇年」を喪失の経験として受け止めるかぎり、この民主主義に潜んでいる暴力の基底音に耳を傾けることはできない。辺境の民を再び内部に包摂するのではなく、むしろそこから新しい民主主義を構想しなければならないという重大な政治的・倫理的義務が、「失われた二〇年」を生きている私たちに課せられているのだ。

(1) 九〇年代以来、日本の政治文化におけるポピュリズムの台頭については、大嶽秀夫『日本型ポピュリズム—政治への期待と幻滅』(中公新書、二〇〇三年)、同『小泉純一郎ポピュリズムの研究—その戦略と手法』

（東洋経済新報社、二〇〇六年）などを参照。

（2）酒井直樹「ポスト・コロニアルな条件と日本研究の将来――「失われた二十年」と帝国の喪失」『日本研究』第五三集、二〇一六年、一二頁（傍点は原文、以下同）。

（3）しばしば指摘されているように、排他的なナショナリズムにもとづいているポピュリズムは、一方でグローバル資本主義がもたらした格差の拡大に対する抵抗意識や、既存の政治秩序からの疎外感を反映しており、その意味では、逆説的にも急進的民主主義の議論と通じあう特質を帯びている。ポピュリズムは、民主主義を拒否するものというより、むしろその本質的な矛盾を露見させるものとみなすべきであろう。このようなポピュリズムの両面性については、山口二郎『ポピュリズムへの反撃――現代民主主義復活の条件』（角川書店、二〇一〇年）、吉田徹『ポピュリズムを考える――民主主義への再入門』（ＮＨＫ出版、二〇一一年）、水島治郎『ポピュリズムとは何か』（中央公論新社、二〇一六年）などを参照。

（4）この点については、島田幸典・木村幹編『ポピュリズム・民主主義・政治指導――制度的変動期の比較政治学』（昭和堂、二〇一一年、一五四――一六四頁）、高橋進・石田徹編『ポピュリズム時代のデモクラシー――ヨーロッパからの考察』（法律文化社、二〇一三年、一六・一九三――二〇〇頁）などを参照。

（5）Slavoj Zizek, “Against the Populist Temptation”, *Critical Inquiry* 32, University of Chicago, 2006, p.552.

（6）日米欧委員会は、自由民主主義諸国の政治家・財界人・学者・言論人たちが参加していた政策協議機構であり、民間の非営利団体を標榜していた。人権運動、ベトナム戦争、若者たちの世界的な抵抗の流れ、ドルショック、オイルショック、そしてウォーターゲート事件など、当時大きく変容していた世界の政治・経済の情勢に対応するため、各国の有力者たちが結集していたのが、この先進諸国の共同利益のための国際組織であった（サミュエル・Ｐ・ハンチントンほか編『民主主義の統治能力――その危機の検討』綿貫譲治監訳、サイマル出版会、一九七六年）。ちなみに、日本側の委員長は渡辺武（元アジア開発銀行総裁）、副委員長は牛場信彦（元駐米日本大使）が、そして代表委員は大来佐武郎（海外経済協力基金総裁）、佐伯雄介（東京銀行副頭取）、武内龍次（元駐米日本大使）、原口幸隆（金鉱中央執行委員長）、平沢和重（評論家）、藤野忠次郎（三菱商事会長）、武者小路公秀（国連大学副学長）が務めていた。アメリカやヨーロッパからも、アメリカ鉄鋼労働組合会長、米国連大使、欧州共同体大学理事長、フィアット社会長、ドイツ外交政策協会会長、フランス電力委員会委員長、アントニー・ギブス・ホールディング社取締役などが参加していた。

（7）ハンチントン「アメリカ民主主義の活力と統治能力」ハンチントンほか編前掲『民主主義の統治能力』、六七頁。またハンチントンは、要求の増大により政府は「福祉政策」への転換を余儀なくされているが、教育・保健・公的扶助などの分野に支出される予算が増えてしまい、深刻な財政難に苦しむことになったとも述べている。「悪性インフレ」は、たとえば労働組合が「高賃金」を求めても、民主主義体制ではそれを抑止することができないため慢性化しているというのだ。

（8）同右、四〇・四二頁。

（9）綿貫譲治『日本政治の分析視角』中央公論社、一九七六年、五・一〇頁。

（10）綿貫は、日本と西欧の間に「タイム・ラグ」が存在する点、共同体への献身を強調する「組織原理」および「自己犠牲」と「勤勉」の倫理が依然として根強い点、そしてなによりも日本の民主主義が「日本の近代化過程ですでに蓄積され、第二次大戦中ですら絶え間なくつづいていた「改革気運」」にもとづいている点などをあげている。綿貫「日本の統治能力」（ハンチントンほか編前掲『民主主義の統治能力』一四三―一五八頁）、同前掲『日本政治の分析視角』（五―六・一四〇―一四一頁）などを参照。

（11）綿貫前掲『日本政治の分析視角』四九頁。

（12）同右、二八頁。また、民主的市民としての日本人は、アジア諸国に対して「経済的先進国」としての「責任感」をもっていると述べられている（同、二四〇頁）。

（13）当時のシンポジウムで綿貫の主張は「楽観論」として厳しい批判を受けていたという（同右、四―一一頁）。

（14）「付論1＝日米欧比較研究討議―京都総会要約」ハンチントンほか編前掲『民主主義の統治能力』一九四頁。

（15）綿貫前掲「日本の統治能力」一五〇頁。

(16)綿貫『日本の政治社会』東京大学出版会、一九六七年、二一頁。
(17)矢部の思想および経歴については以下の書物を参照。伊藤隆『昭和十年代史断章』(東京大学出版会、一九八一年)、源川真希『近衛新体制の思想と政治―自由主義克服の時代』(有志舎、二〇〇九年)。
(18)西川長夫『パリ五月革命　私論』平凡社、二〇一一年、四五〇頁。
(19)矢部貞治「政治学最近の諸傾向」『中央公論』第四六巻第一号、一九三一年、三七九頁。
(20)波田永実「矢部貞治における「共同体的衆民政」論の形成（一）」『流経法学』第一巻第一号、二〇〇三年、六八頁。
(21)矢部前掲「政治学最近の諸傾向」三八一頁。
(22)同右、三八一―三八二頁。
(23)矢部はドイツ社会学会第五回大会（一九二六年）、列国議員同盟会議（一九二五～二八年）、公法国際学会（一九二九年）などの内容をまとめた「代議政の危機に関する近年若干の論議」（一）と（二）(『国家学会雑誌』第四四巻第九号・第一〇号、一九三〇年）を著している。
(24)矢部の議論とテンニース、ケルゼン、シュミットの関係については、波田前掲「矢部貞治における「共同体的衆民政」論の形成（一）」、同「矢部貞治における「共同体的衆民政」論の形成（二）」(『流経法学』第二巻第一号、二〇〇二年）に詳しく述べられている。
(25)このように政治権力の牽制から法と民主主義の形式を保護しようとするケルゼンの思想―規範主義と普遍主義―が、第二次世界大戦後の国際法や国際連合の構想に多大な影響を与えたことは広く知られている。アントニオ・ネグリとマイケル・ハートもこの点を指摘している（『帝国―グローバル化の世界秩序とマルチチュードの可能性』以文社、二〇〇三年）。民主主義に関するケルゼンの議論としては、『民主政治と独裁政治―デモクラシーの本質と価値』(西島芳二訳、岩波書店、一九三二年）を参照。
(26)矢部「現代独墺に於ける衆民政諸論（三）」『国家学会雑誌』第四六巻第二号、一九三二年、三三二頁。
(27)矢部「序文」ケルゼン前掲『民主政治と独裁政治』一〇―一二頁。

(28)矢部は「資本主義が一度び営利のための市場経済として発生し、而して唯不断の再生産の過程に依つてのみ存続し得るものたる以上、如何に独占化と合理化を図つた所で、生産過剰と恐慌は、到底之を避けることは能はぬ。……かくして社会不安と世界不安は、必然に資本主義文明の姿となる」と述べ、さらに「社会改造は先づこの自由主義的放縦の克服より初まらなければならぬとこそ言ふべきである」と断ずる（「社会改造に於ける自由主義と独裁主義」『理想』第四七号、一九三四年、一〇―一二頁）。
(29)矢部前掲「序文」一二―一三頁。
(30)矢部「思想的危機と政治的危機」『理想』第三五号、一九三二年、二七―二八頁。
(31)同右、三〇頁。
(32)『矢部貞治日記』一九二七年三月七日の条・一九三〇年二月二〇日の条、憲政記念館所蔵。
(33)波田前掲「矢部貞治における「共同体的衆民政」論の形成（一）」八八頁。
(34)波田前掲「矢部貞治における「共同体的衆民政」論の形成（二）」八二―八八頁。
(35)矢部前掲「代議政の危機に関する近年若干の論議（一）」八六頁。
(36)矢部「現代独墺に於ける衆民政諸論（二）」『国家学会雑誌』第四五巻第一二号、一九三一年、一二五頁。
(37)選挙をめぐる単独性の問題については、大澤真幸『近代日本のナショナリズム』（講談社、二〇一一年）の第一章「ナショナリズムという謎」から示唆をえた。
(38)矢部前掲「現代独墺に於ける衆民政諸論（三）」一五―一六頁。
(39)矢部「代表の社会的基礎」『筧教授還暦祝賀論文集』有斐閣、一九三四年。
(40)同右、四三〇頁。
(41)「衆民主義なるものは、抑々一体的共同体の意思と利益を、その成員たる凡ゆる分化的個々人の自由なる意思と利益に基いて決定し、凡ゆる分化的なる個人の人格と意思を、一体的共同体の中に「統合」（integrieren）せんとする原理である」（矢部前掲「社会改造に於ける自由主義と独裁主義」二四頁）。
(42)「自覚」と近代的な主体形成に関しては、カントの「超越論的な自我」から田辺元の「種の論理」を説明する酒井直樹の以下の議論を参照されたい。「近代的主体は、私が私自身を知るためには自己分裂の過程を経なければならないという考察から出発するといえるであろう。……若し「考える私」と「考えられる私」が直接に、あるいは無媒介的に、同一ならば、私は考えることも、逆に私が考えられることも不可能になってしまうはずだからである。……「私」の分裂と私の自己反照的な関係のはらむ矛盾あるいは自己差異化を考慮に入れない限り「自覚」を考えることはできなくなってしまう。……田辺は、自覚を欠いた、共同体の中に全く埋没して、共同体のしきたりに盲目的に殉じるような個の在り方を支えるものを基体と呼び、そのような与えられた存在に対して対自的に意識化した個の在り方を主体と呼んでいる」（「日本人であること――多民族国家における国民的主体の構築の問題と田辺元の「種の論理」」『思想』八八二号、岩波書店、一九九七年、一七―一八頁）。この田辺の「主体」概念が、矢部にとっては民主主義を構成する契機になっているといってもあやまりではないと思う。

(43) 矢部「非常時は独裁政治を必要とするか」『中央公論』第四九巻第三号、一九三四年、九六頁。

(44) 矢部前掲「代表の社会的基礎」四八三頁。

(45) 同右、四三九・四六六・四七二頁。波田によれば、このような矢部の目論みは「革命なき共同体の再建」を行うためだったという（前掲「矢部貞治における「共同体的衆民政」論の形成（二）」五五頁）。

(46) このように、先験的な共同体への収斂を退けながら、あくまでも自覚的・自発的に国家へ参与することを訴える矢部の民主主義論を、哲学の領域で考えていたのが田辺であったと思われる。田辺の「種の論理」は、「個（単独性）」が共同体の掟を相対化する自覚を通じて「種（国家）」に参加し、「類（普遍性）」の領域につながっていく過程を考察したものであり、矢部の民主主義論との論理的類似性を指摘することができる。たとえば田辺は以下のように述べている。「国家の成員たることが個人の最高なる義務である、といふ命題の主語が、単に、如何なる個人も国家の内に生れて国家の内に死する、個人の生活は国家の組織に織込まれて始めて成立する、といふ事実を意味するとするならば、斯かる事実は「義務である」といふ述語をもつことは出来ぬ筈である。……却て個の独立なる自由活動が消滅すれば、種もその統一の具体性を失ひ、内容の空虚を招き、其極個の消滅と共に自己も消滅するに至る外無い。其故個人が国家の成員たるは、単に種としての後者の統一に強制せられて凡ての自由独立を犠牲にすることを意味する筈ではない。却て国家が個人の自由を其欠くべからざる契機とするのでなければ、右の命題は意味をもち得ない。人民の一般的国政参与といふ民主的契機が国家の組織に欠くべからざる所以である」(「社会存在の論理」(一九三四―三五年)『田邊元全集』第六巻、筑摩書房、一九六三年、一五七―一五八頁)。このくだりで、とりわけ「民主的契機」という言葉が登場することの意味は、さらに注目されてよいと思う。田辺は敗戦直後に新生日本の原理たる民主主義について幾度か論じたことがある。「種の論理」と「民主主義」の問題に関しては稿を改めて述べることにしたい。

(47) 矢部前掲「代表の社会的基礎」四六五頁。

(48) カール・シュミット『政治的なものの概念』田中浩・原田武雄訳、未来社、一九七〇年、八九頁。

(49) 金杭『終末論　事務所：人間의　運命과　政治的인　것의　자리』文学과知性社、二〇一六年、一〇六―一〇七頁。

(50) シュミット前掲『政治的なものの概念』七四頁。

(51) 同右、六二―六四頁。

(52) シュミット『政治神学』田中浩・原田武雄訳、未来社、一九七一年、一一頁。

(53) 矢部前掲「現代独墺に於ける衆民政諸論(二)」一三〇頁。

(54) 同右、一三〇頁。

(55) 同右、一二四頁。

(56) 矢部前掲「現代独墺に於ける衆民政諸論(三)」二五頁。

(57) 矢部「独裁政と衆民政」『政治及政治史研究―吉野作造先生追悼記念』岩波書店、一九三五年、五五一頁。

(58) 同右、五五二頁。

(59) 矢部前掲「非常時は独裁政治を必要とするか」九四頁。

(60) 矢部前掲「独裁政と衆民政」五五二頁。
(61) 矢部前掲「現代独墺に於ける衆民政諸論（三）」、三七―三八頁。
(62) その意味でもシュミットと矢部の関係については、さらに掘り下げて考えるべきだと思うが、ここではとりあえず省略する。シュミットの政治哲学については、仲正昌樹『カール・シュミット入門講義』（作品社、二〇一三年）、金杭前掲『終末論　事務所』などを参照。
(63) この過程は、波田「矢部貞治における「共同体的衆民政」論の展開（一）―国防国家の政治学」（『流経法学』第二巻第二号、二〇〇三年）、同「矢部貞治における「共同体的衆民政」論の展開（二）―総力戦の政治学」（『流経法学』第四巻第一号、二〇〇四年）に詳しく分析されている。
(64) エルネスト・ルナンほか編『国民とは何か』鵜飼哲ほか訳、河出書房、一九九七年。
(65) 波田「矢部貞治の新憲法・戦後天皇制構想―日本国憲法成立期の国民主権論の一断面」『行動科学研究』第四九号、一九九七年。
(66)「憲法改正法案（中間報告）矢部教授案　昭和二〇、一〇、三」（外交記録 A'3.0.0.2-2「帝国憲法改正関係一件　研究資料（第二巻）」外務省外交史料館所蔵）。
(67) 同右。
(68) 矢部『デモクラシーとは?』日本放送出版協会、一九四六年、四頁。
(69) 矢部「天皇制と民主主義」『天皇制研究』第八号、一九四六年、外務省外交史料館所蔵。引用はさしあたり、波田前掲「矢部貞治の新憲法・戦後天皇制構想」（四七頁）による。
(70) 同右、四七頁。
(71) 同右、四八頁。
(72) 矢部前掲『デモクラシーとは?』一三頁。
(73) 矢部『民主主義の本質と価値』弘文堂、一九四九年、一九―二〇頁。
(74) 同右、三二頁。

(75)同右、三三頁。ちなみにここでいう「表面的な矛盾」とは、不可侵の権利であり、放棄や譲渡、分割することのできない先天的な「自由」を有する各個人が、その「自由」の権利を享受するためには、逆説的にも、より上位の普遍的理念である「一般意志」に自らの「自由」を譲渡しなければならないということを指している。すなわち、人びとは「自由」を獲得するために、己の権利としての「自由」を、あくまでも自発的に「一般意志」に譲り渡さねばならないのである。
(76)東浩紀『一般意志2・0―ルソー、フロイト、グーグル』講談社、二〇一一年、四三頁。
(77)ジャン＝ジャック・ルソー「社会契約論」『ルソー全集』第五巻、浜名優美ほか訳、白水社、一九七九年、一三五頁。
(78)同右、二一七頁。
(79)矢部前掲『デモクラシーとは?』八・一七―一八・二八―二九頁。
(80)戦後民主主義の確立が、朝鮮人や台湾人の選挙権の「停止」、そして「外国人登録令」「団体等規定令」など、差別的な政策の下で進められていたことを忘れてはならない。これらの点については、鄭栄桓『朝鮮独立への隘路―在日朝鮮人の解放五年史』(法政大学出版局、二〇一三年)を参照。
(81)波田前掲「矢部貞治における「共同体的衆民政」論の形成(二)」八八―九一頁。
(82)これらの点については、波田前掲「矢部貞治における「共同体的衆民政」論の展開(一)」、同「矢部貞治における「共同体的衆民政」論の展開(二)」に詳しく紹介されている。
(83)矢部前掲『デモクラシーとは?』三六―四〇頁。
(84)『矢部貞治日記　銀杏の巻』一九四五年一一月三日の条・一二月六日の条、読売新聞社、一九七四年、八五六・八六六頁。
(85)同右、一九四五年六月二七日の条、八一六―八一七頁。

第4章　ポストバブルの「アブジェクト」
――『キッチン』から『OUT』へ

坪井秀人

桐野夏生　Natsuo Kirino, *OUT*, translated by Stephen Snyder, Kodansha International, 2003.

1　バブルの時代の夢みるキッチン

吉本ばななの「キッチン」（『海燕』一九八七・一一、『キッチン』〔福武書店、一九八八〕に収録）といえば、その冒頭の一文をいまや知らない人はいない。

私がこの世でいちばん好きな場所は台所だと思う。[1]

そして、この一文で始まる小説の最初のセクションは次のように閉じられる。

本当につかれはてた時、私はよくうっとりと思う。いつか死ぬ時がきたら、台所で息絶えたい。ひとり寒いところでも、だれかがいてあたたかいところでも、私はおびえずにちゃんと見つめたい。台所なら、いいなと思う。[2]

「キッチン」の物語は主人公桜井みかげの唯一の家族であった祖母の死から始まる。また続篇の「満月――キッチン2」も、みかげが深く関わる田辺雄一の母（実は父）でゲイバーを経営するえり子が店のお客につけ回されて殺されたという報せから唐突に始まる。恋人でもなく血縁家族でもないみかげと雄一による、この二つの物語は、「どうも私たちのまわりは（……）いつも死でいっぱいね」[3]とみかげがつぶやくように、「みなしご」同士の二人が死と、そして食を分かち合うことで共生する物語として読むこととが出来る。

物語が始まった時点で、みかげと雄一のほとんどの家族は死んでしまっていなくなっており、その後も人が死んで行く。右の冒頭で、台所という空間が死の時間と結び付けられて愛おしまれるのには、そうした物語内における他者の死の近しさということが関係しているだろう。みかげたちにとって、生というものの手応えはあまりに軽く、突然に訪れて唐突に生を中断する死の持つ意味もまた、深く探求されることはない。

生と死の実存のこの稀薄さは、彼らの関係性の稀薄さにも通じる。みかげと雄一は性的な関係に深入りする気配はない。えり子は雄一を産んだ母（妻）が亡くなるまでは男性ジェンダーを引き受けていたものの、現在は女性の性を、そして雄一の母親の役割を生きる、つまりは産むことができない母を生きる存在だ（えり子は、彼女が実は「彼」であったことを悟られることを起点として男の客に殺されている）。彼らの関心は前（過去／親）や後（未来／子）の世代の生の時間とつながることにはなく、彼らはいわば時間的に蓄積された重量を持たない刹那における共時的な横のつながりによって、新しい「家族」のかたちを作り出そうとしている。そしてその横のつながりを媒介するものこそが性ならぬ食、食べることなのだ。

しかし、その食もまた、大家族的なコミュニティの実践としての「共食」とはおよそ異なるものであ

イタリア語訳『キッチン』 Banana Yoshimoto, *Kitchen*; traduzione e postfazione di Giorgio Amitrano, Milano: Feltrinelli, 1991.

る。右に掲げた冒頭の一文「私がこの世でいちばん……」も、そこを読み誤ると、家父長制にまみれた、「キッチン＝料理＝家事」の下僕の陳腐な繰り言として取り違えてしまうことになる。

筆者自身の経験を語ると、一九九一年にウィーン大学の日本学の授業で、まだ単行本が出版されたばかりのこの作品の冒頭部分を大学院生たちに朗読して紹介したことがある。聞いていた彼女たちがくすくすと笑っているので、どうしたのかとたずねると、あまりに小説の発想が時代錯誤的だからだと答えていたことを思い出す（ジョルジョ・アミトラーノによるイタリア語訳[4]はすでに出版されていたが、当時はまだドイツ語訳は出ていなかったはずだ）。

この一文は「私にとって、この世でいちばん好きな場所は台所だ」という普通の文とは違う。「私は『私がこの世でいちばん好きな場所は台所だ』と思う」という、自己の嗜好と欲望に関わるメッセージを自ら他者化して観察する、相対主義的な自己語りであるからだ。残念ながらウィーン大学の学生たちには、原文を読み上げただけでは、そのことがうまく伝えられなかったのであろう。

一九八〇年代後半、バブル経済さなかの時代の浮かれた世相、その泡沫的な熱狂の陰にひそむ冷めた虚無感をとらえたまなざしを、吉本ばななのこの自己語りの一文は、象徴的に体現していたとも言える。

ところが、例えば日本語以外の言語に翻訳されたテクストは、その点を十分に表現しきれていたとは言いがたい。『キッチン』は現在ではイタリア語、英語、ドイツ語、フランス語、ヘブライ語、中国語、トルコ語、ヴェトナム語等々、世界の多数の言語に訳されているが、英語二種とドイツ語、それにフランス語の翻訳の例をあげると次の通りになる。

Kitchens are the places I like best in the world.(5)（アン・シェリフ訳）
The place I like best in this world is the kitchen.(6)（ミーガン・バッカス訳）
Der liebste Platz auf dieser Welt ist mir die Küche.(7)（ウォルフガング・シュレヒト訳）
Je crois que j'aime les cuisines plus que tout autre endroit au monde.(8)（ドミニク・パルメ、佐藤教子訳）

英語の場合はそれぞれ「台所という所はこの世で私がいちばん好きな場所」「私がこの世でいちばん好きな場所は台所だ」、ドイツ語では「私にとって、この世でいちばん好きな場所は台所だ」という意味となり、いずれの翻訳からも「私は『私が……』と思う」と介入する額縁の部分が消去されている。英語で言えば例えば“I think the place I like best in this world is the kitchen.”とあるべきところの“I think”が消されてしまっているのである。その点、“Je crois que”（私は……と思う）で始まるフランス語は原文に忠実な訳であると言えよう。メッセージ自体は先ほど挙げた私の経験の事例に見られるように、時代錯誤的な価値観として受け取られそうなものなので、その額縁を外してしまうとこの一文はいかにも陳腐な語り出しに成り下がってしまうのである。

みかげは、自身料理研究家の助手として働いているという設定のこともあるが、雄一たちのために料理を作る役割を、何の違和感もなく引き受けている。「食べさせる女／食べる男」という食の性別役割は、この作品では何の疑問も反発も引き起こさない。だから、「私がこの世でいちばん好きな場所は台所だと思う」という文では、台所空間に自己の性を同一化させることが異和感もなしに行われている。台所や冷蔵庫などの空間や装置、料理を作り食べ（させ）ることの幸福、それは一見してナイーヴなまでに、ここでは疑われていない。それは「台所症候群」のような現代的なストレスとまったく接点を持たない、家事労働・性別役割分業の肯定として受け取られてしまうかもしれないのである。

『キッチン』の主人公みかげは、えり子のような自由なジェンダー・アイデンティティの持ち主に護られるようにして、家父長制との軋轢などには悩むこともなく、するすると無自覚にそれを回避していく。彼女に与えられた家族の「欠損」という条件は、彼女の人生行路に負債を残すことはなく、むしろ彼女を解放することになるのだが、同時にその条件が、「エプロンをして花のように笑い、料理を習い、精いっぱい悩んだり迷ったりしながら恋をして嫁いでゆく」同じ料理教室の女性たちを見て、「そういうの、すてきだな」と思う、[9] この主人公の位置取りを規定してもいるのである。

「みなしご」であることの両義性、それは地域や血縁の軛からの解放と引き換えに彼女を天涯の孤独に置き、そして不意にやってくる他者の（そして自己の）死を自然なるものとして受け入れさせる。一方で世間のステレオタイプな生き方を冷笑するシニシズムとも無縁。こうした一九八〇年代後半バブル期の時代の雰囲気を、『キッチン』は見事に体現しているのである。

2　コンビニの光と闇

さて、「満月」の始まりで雄一の母のえり子が殺される前に、みかげは偶然深夜のファミリーマートで彼女に遭遇していた。みかげはプリンを買いに来ていて、えり子は店の女の子（実は男）たちとコーヒーを飲んでおでんを食べていた。この時がみかげが彼女と会った最後となる。深夜のコンビニエンス・ストアでコーヒーを飲み、おでんを食べ、プリンを買いに来る人たち。こうした深夜のコンビニの風景は、雄一が使い始めるワード・プロセッサ（ワープロ）などとともに（彼の家にはコピー機まである）、一九八〇年代後半、バブル期の時代相を映し出す象徴的な風物であった。

みかげは冷蔵庫の脇が一番よく眠れると言う。電化製品「三種の神器」の一つに数えられたのは一九五〇年代、冷蔵庫はすでにどの家にもあったが、一九八〇年代に入って劇的に普及した電子レンジとタッグを組むことで、調理済み冷凍食品を食生活の中心へと押し上げ、食事の簡便化とその時間の流動化を推し進めた。[10] そしてその簡便化と流動化をさらに加速させたのが二十四時間いつでも食べるものを買うことが出来るコンビニの空間だったわけだが、[11] みかげは自身が料理という仕事に関わっているだけに、彼女がこれらの同時代の食のありように同期するということは、無視できない設定である。

ところで、冷蔵・冷凍するという食物の保存方法はいったん食物を仮死状態に保つことではないだろうか。電子レンジで解凍するという行為は、その仮死状態を解いて食物を「食べられるもの」として甦らせることとも言える。冷蔵庫が仮死状態を作り出す装置であるならば、みかげがその脇で眠りにつくのは、彼女の死の世界に対する親和性とも符合する。彼女は自問するだろう。「どうしても、自分がいつか死ぬということを感じ続けていたい。でないと生きている気がしない。だから、こんな人生になった[12]」と。

テレビの深夜放送が休止され、街からネオンサインが消えた一九七〇年代のオイルショックの記憶がある世代にとっては、二十四時間煌々と光が灯るコンビニの風景は視覚的にもそれと強烈なコントラストを映し出すものだったわけだが、食についてみても、欠乏と節約の時代から飽食の時代への転回をしるしづけたものだった。えり子たちが食べているおでんや、おにぎり、コンビニ弁当などの調理済み食品は、主力商品として一九八〇年代以降のコンビニの急成長を支えてきたものだった。彼らはおそらくゲイバーの店が引けた後にやって来て空腹を満たしているのであり、コンビニの空間が、従来の生活時間の秩序を流動化させ、時間を問わずに人間を消費行動の主体に変質させるステージとなっていることを印象づける。そこでみかげがえり子から《すっかりやせたわね》と言われるのも、含意するところ少なしとしない。みかげには恐らく当てはまらないが、いつでも、手軽にすぐに食べられる調理済みの食品が調達できるコンビニは、過食症などの摂食障害の環境とも地続きだからである。

しかしながら、手軽に食べられる商品を売るコンビニの空間は、食品の生産と流通の巨大な身体からみれば、所詮はそのアウトプットの開口部に過ぎない。開口部とは、店舗から消費者に商品が手渡される出口であるが、食品がそこに辿り着くまでの複雑な過程は不可視になっている。と同時に、コンビニでは賞味期限切れの食品が（その多くはまだ食べられるものであるのだが）、その開口部から、それが咀嚼されることもないままに、毎日大量にゴミとして吐き出されている。商品として購入して食品を食べる消費者が、ひょっとしたらそれを嘔吐しているかもしれないように。

ここに見られるのは単に生きるための食物と見なすのが余りに牧歌的に過ぎるような、「死物としての食物」あるいは「ゴミとしての食物」の風景でもある。『キッチン』はしかし、このような「ゴミとしての食物」に視線を及ぼすことはない。

Erwin Wegenhofer, Max Annas, *We Feed the World : Was uns das Essen wirklich kostet*, Freiburg : orange-press, 2006.

オーストリアのエルヴィン・ヴァーゲンホーファー監督によるドキュメンタリー映画 *We Feed the World*（二〇〇五、邦題『ありあまるごちそう』）は、ヨーロッパ各地の食品生産の現場に取材し、インドのような食品材料の生産地で大量の人々が栄養失調に苦しみ餓死しているのに、ヨーロッパの生産現場では作られたパンなどの食品が過剰になって大量に捨てられている現実など、グローバル資本主義の時代の到来のもとで、食の生産と流通をめぐって起きている根本的な矛盾を告発している。[13] とりわけ、卵から生まれたばかりのおびただしいヒヨコが、全くの物としてベルトコンベアに乗せられ、飼育（生産）され、最終的に食肉として加工されていく過程を描いたシーンは衝撃的である。

『キッチン』のみかげはキッチンの冷蔵庫の脇で眠り、自らの仮死と再生を夢みるかも知れないが、しかし、彼女自身の身体が、彼女が調理し彼女が食べる食物と同じ「身体＝死体」（コルプス）と取り替え可能な存在であるということについては、想像力をめぐらす余地は与えられていない。食べること、食べる（食べられる）身体を、その清潔な開口部のみに集約して、その内部の闇をのぞき込まない『キッチン』のありようには、いかにも一九八〇年代のバブル的な世界が反映しているとも言える。だが、煌々たる光はそれがまばゆければまばゆいほど深く濃い闇をつくり出していたのではなかったか。

3　ポストバブルの「崩壊」感覚

『キッチン』が封印したバブルの時代の食文化の闇の部分には、ほぼ十年を経てから、桐野夏生の『ＯＵＴ』（講談社、一九九七）という小説が深く切り込んでいる。言うまでもないが、二つの作品の描く世界にはあまりに大きな逕庭がある。作家や作品の志向性や成熟の相違ということがあるとはいえ、それだけではない。両作品の書かれた時期を隔てる十年という時間が、そこではやはり決定的な意味を持っているのである。

『ＯＵＴ』が描くのはコンビニで売られる商品を買って食べる（消費する）人々ではなく、それを生産する人々である。物語の主軸は、都市郊外のコンビニ弁当を作る工場で深夜のパートタイム勤務をする主婦たち四人がふとしためぐり合わせから、彼女たち仲間の内の一人が殺したその夫の死体の解体作業に関わるというものである。

　この小説が一読、読者に底深い恐怖を与えるのは、何によるのだろうか。ここに描かれているのはおよそ日常とはかけ離れているかにも見える異常な犯罪なのだが、そうした異様な非日常の場所が平凡な日常の場所と気がつけば地続きでつながっていて、そこに簡単に横滑りしてしまうと感じさせるような、おぞましいまでのリアリティが表現されているからではないだろうか。そのぎすぎすしたリアル感はまさにポストバブルの時代相に通じており、これに比べるとバブル期に書かれた『キッチン』には、まるでメルヘンのような非現実感が漂っているようにも感じられる。

　『キッチン』と『ＯＵＴ』の間の十年の中で、時代の連続性に折れ目を入れる最も大きな分岐となったのは、言うまでもなく一九九〇年代初頭のバブル経済崩壊である。この間に日本経済は「失われた十年」（後にはさらに「失われた二十年」に延長された）と呼ばれることになる長期低迷の時代に突入していた。しかも『ＯＵＴ』が刊行された一九九七年は、その年の後半に三洋証券、北海道拓殖銀行、山一証券等の金融機関が次々に破綻していった、ポストバブル期全体から見ても特筆すべき年であった。『キッチン』では、同時代のバブル経済の虚栄とは一線を画す新しい家族の絆のかたちが「食」を媒介として模索されていた。そこには社会秩序から決定的に逸脱したり人間関係が根こそぎ崩壊するような予兆はない。これに対し桐野夏生の小説には、バブル崩壊以後の全方位的な「崩壊」感覚がすみずみまで支配していると言える。

桐野は『OUT』の翌年に短篇集『ジオラマ』（新潮社、一九九八）を刊行しているが、その中の表題作「ジオラマ」は、まさに同時期の金融機関の経営破綻を背景として書かれた作品である。多額のローンを背負ってマンションの最上階に妻子と暮らす男が主人公。ちょうどすぐ下の階の部屋に単身で住む赤い髪の女から、子どもの足音がうるさいと苦情を受ける。勤め先の地方銀行が突然倒産してしまった男は、それが契機になってその女と接触し、彼女と階下のその部屋で性的関係を持つに至る……。

桐野の長篇小説で、現実に起きた実際の事件をモデルとして書かれた作品には『グロテスク』や『残虐記』などがあるが、この短篇でも、固有名は伏されているものの、新潮文庫版（二〇〇一）の「あとがき」で作者自身が示唆するように、[14] 作中で倒産する「N銀行」とは直接には北海道拓殖銀行の経営破綻のことが想定されている。雑誌初出（『小説新潮』一九九八・五）や初版でこの作品を読んだ読者は、おそらくごく自然に前年に起きて日本の社会に衝撃をもたらした出来事の記憶を甦らせたに違いない。

小説の舞台となる上下の階は間取りなどが同じ構造になっており、その複製的空間の中で主人公の男は二人の女と反復的に性交する。階下の女は上階の女（妻）の立てる音を聞いてその生活の風景を思い描き、上階の妻は（その相手が自分の夫であることも知らずに）階下で性交する女の喘ぎ声に耳を欹てる。一方、二つの階を往還する男は片方の女に観察される客体でありながら、同時に行為する主体であり、その自らの行為（主として性行為）を即自的かつ対自的に捉える観察者でもある。主人公の男は、会社という後ろ盾を失うことで、住処であるマンションの鏡像的空間の中に自己を落とし込む快楽に耽っていく。

失業保険が切れるまでに次の働き口を探さなくてはならない。だが一方で、失業という死ぬほど怖れていた事態が、思いもしなかった喜びを隠していたことにも気がついた。それは自由という名の喜びだった。昌明はそれに耽溺しつつあった。[15]

相互監視的な隣近所付き合いの煩わしい社宅暮らし。それから解放されるための自由で「監視されない気楽さ」を持ったマンション生活を続けるはずだったのだが、男がそこで演じるはめになったのは、固定された監視の中心（パノプティコン）を欠落させた、自己すらも自己の監視を分担させられるような、ポストバブル時代を予感させる、新しい監視空間だった。観察する主体と客体が相互に入れかわるこの小説の構造は、そのような空間をきわめて寓意的に描き出すことに成功している。ジグムント・バウマンに倣って言えば、まさにここに現出しているのは「ポスト・パノプティコン」[16]的な新しい監視空間なのである。

「ジオラマ」という短篇がポストバブル社会における男の家長の挫折と逸脱の物語だとすれば、『ＯＵＴ』は、家長としての男たちが経済と労働のリング上で破れ傷ついて、それぞれの家庭から失踪し、あるいは抹消されていった、まさにその「後の生」を生き延びる女たちの物語だと言える。「ミヨシ・フーズ東大和工場」という武蔵村山市の中央に建つ弁当工場がこの小説の舞台である。[17]その弁当工場は広大な大手自動車工場の区域[18]に隣接し、周辺には畑地と小さな自動車整備工場の群れ、そして物語の最後の舞台に使われる「廃工場」、「荒涼たるコンクリート製の棺桶[19]」とも表現される、今は廃墟になっている旧弁当工場、それに閉鎖されたボウリング場などの廃屋群がある。大手自動車企業を地域経済の頂点として形成された東京近郊の産業地域に位置しているわけだが、特に物語に一貫して闇の気配を漂わせる「廃工場」の空間は、バブル崩壊後の凋落がこの弁当工場に忍び寄っていることを暗示している。ここに拡がるのは典型的なポストバブルの空間であると言ってよいだろう。

　左側の廃屋群が切れた辺りに、弁当を敏速にコンビニエンス・ストアに運ぶ白いトラックが何台か溜まっている。そして、その先に不夜城のごとく、蛍光灯の照明を青白く輝かせて深夜の弁当工場が聳えていた[20]。

　この工場には夜勤労働者が百人近く雇用されている。その内三分の一は日系や白人のブラジル人が占めるが、実際の労働力の中心は四十～五十代のパートタイムの主婦たちが担っている。桐野の小説に描かれる在日外国人といえば、昼間はエリート上級職、夜は娼婦という二重生活をしていた女性の殺人事件を取り上げた『グロテスク』（文藝春秋、二〇〇三）の登場人物で、その事件の容疑者として設定され、深い陰翳を持って造形されているチャンという中国人のことが思い浮かぶ。『ＯＵＴ』でも夜勤で一緒に働く宮森カズオという日系移民二世の青年が、主人公雅子と深く交差する人物として、非常に印象深く描かれている。物語の結末で、雅子はカズオの言葉を導きとして、ブラジルに逃亡する（移民する）ことすらも仄めかす展開には、目を瞠らされる。

主婦のパートタイマーと外国人労働者、そこに「街金」やヤクザなどのアンダーグラウンドな男たちが絡んでくるこの物語には、大手銀行に勤める「ジオラマ」の主人公のような一般企業の正社員はほとんど登場しない。ポストバブル経済の労働力を非正規雇用の人々が担わされるという社会構造が、この小説においては剥き出しになってあらわれているのである。

4　「無気味なもの」の原理

『ＯＵＴ』の物語は次の四人の主婦たちを軸に展開する。

主人公の香取雅子は四十三歳。建設会社の営業職の夫は正社員のようだが、出世コースからは外れて職場でも家庭でも鬱屈しており、夫婦は寝室を別にしている。一人息子は高校を退学処分されて後はアルバイトをしているが、家では親と口をきかず部屋に引きこもっている。雅子自身もかつては二十年もの間、信用金庫に勤めていたが、社内の男女格差について不満を訴えたり、融資の焦げ付きをめぐって対立した上司から殴られ、挙げ句の果てはリストラされたという、そんな経歴の持ち主である。

主人公のキャリアのこの設定自体がきわめてポス

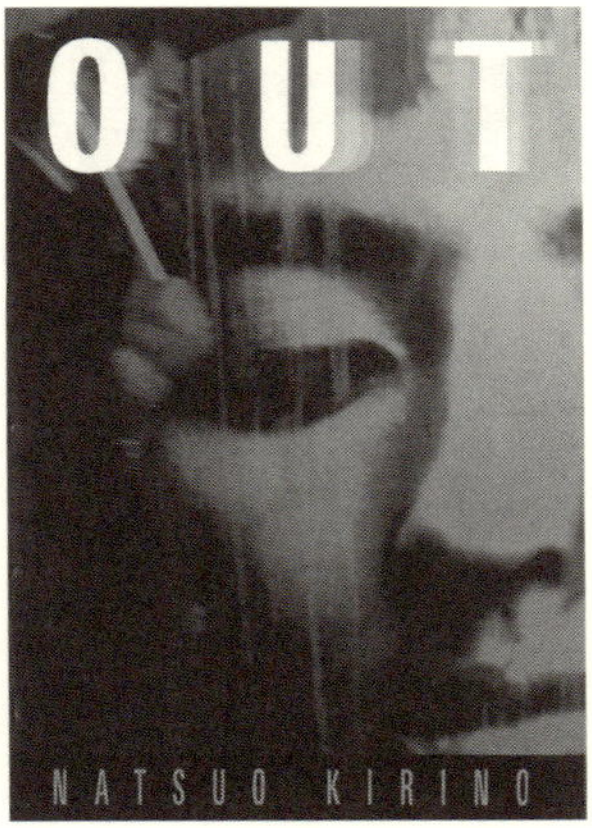

英語訳『OUT』表紙　Natsuo Kirino, *OUT*, translated by Stephen Snyder, Kodansha International, 2003.

トバブル的と言えるのだが、彼女の労働経験の記憶から物語られる金融機関内の状況は、まさにこの小説が発表されたのと同じ時期に多額の不良債権を抱えて破綻の道を進行していた日本長期信用銀行（長銀）の内部事情とも照応するところがある。

雅子が関わる女性のパートタイマーの仲間は次の三人。雅子の理解者で協力者である吾妻ヨシエは五十歳代半ば過ぎの寡婦で、中学生の娘の教育費の捻出もままならない中、寝たきりの姑の介護に肉体的にも経済的にもすっかり疲弊している。城之内邦子は三十三歳で、ブランド品などへの物欲が強く、同居していた男にも逃げられて、目処の立たない借金のために「サラ金地獄」のスパイラルに入りこんでいる。山本弥生は三十四歳で二人の幼い子持ち。夫は建材会社に勤務するも、ギャンブルに手を出して借金を作り、家庭内暴力を振るっている。

弥生が暴力を振るう夫を絞め殺し、その死体の処理を雅子を中心とする残りの三人が行うことで、物語が劇的に動き始める。雅子の家の浴室で死体をバラバラに解体し複数のポリ袋に分けてゴミとして棄てるのだが、邦子の失態から事件は露見。快楽殺人に手を染めた暗い過去を持つ男で、新宿歌舞伎町周辺で、殺された弥生の夫が客として関わったカジノを経営する佐竹光義を巻き込む中で、邦子に貸付を行う街金の十文字彬から新たな死体処理の仕事が舞い込むことになり、果ては弥生の夫殺害の濡れ衣を着せられたことへの佐竹の復讐によって、ほかならぬ邦子の死体が解体作業の依頼物として持ち込まれる——。彼女たちはそれぞれの家庭経済に問題をかかえており、特に介護と娘の養育に板挟みになっているヨシエと、多額のカードローンを抱えている邦子には、困窮の度がきびしい。とはいえ彼女たちの経済が社会の底辺に極端に落ち込んだ水準にあるかというと、そうであるわけでもない。彼女たちはバブル崩壊後の社会に生きる普通の人々に過ぎないのである。

例えば車。雅子は古ぼけてはいるもののカローラに乗り、邦子はローンを抱えながらもゴルフに乗っている。物語のもう一つの重要な空間となる新宿と武蔵村山市を結ぶ新青梅街道を雅子は車で移動し、ポリ袋に入れたバラバラ死体を捨てに行くのにも車を利用する。彼女たちが工場のラインに立って生産した弁当をコンビニに届けるのも車、切り刻んだ死体をトランクに隠して運ぶのも車。そして弁当工場を含むこの地域の経済を実質的に支えているると推測されるのが大手自動車企業の乗用車生産工場であることも、考えに入れておく必要がある。東京郊外地を舞台とするこの物語では、人と人とをつなぐのは拡がりのあるフラットな空間ではなく、いきおいその関係は点と点を結ぶつながりになる。川本三郎は的確にも「『ＯＵＴ』の面白さは、この車社会ならではの東京論にある」と指摘している。[21]

さて、そんな「普通」の人々である彼女たちは弁当工場の内部では、きびしい消毒を課されて、徹底的に身体を衛生管理され、ベルトコンベアのラインに並んで、その速度に身体の動きを同期させ、自ら巨大な生産機械の一部になりおおせて、ご飯や肉、カレーや漬け物など、食品のパーツを弁当に均して詰めていく作業に従事する。彼女たちにほとんど休息は与えられない。『ＯＵＴ』を描くに当たって作者の桐野は取材のために実際に弁当工場で働いてみたというが、セブン-イレブンに弁当を納入する長野県内最大手の弁当工場に著者が同じように労働者として潜入取材したとあるルポルタージュを読むと、労働者の構成も、休みなしで立ちっぱなしで行われるライン作業の様子も、『ＯＵＴ』の描写とほぼ同じ[22]。この小説に描かれている労働が現実の非正規雇用労働状況を反映したものであり、そうしたリアリズムがこの作品に説得力を与えていると言える。

しかも、こうした過酷な労働過程から生産された弁当をコンビニの加盟店に過剰発注させ、売れ残った商品を大量廃棄するという特異なからくりによって、コンビニ企業は利益を得てきたという現実がある。極端な見方をすれば、コンビニで売るために生産される食品とは、あらかじめその生産量の一部を〈ゴミ〉と見越して作られているのである。

日本のポストバブル経済も、言うまでもないことだが、例えば前掲のドキュメンタリー映画 *We Feed the World*（『ありあまるごちそう』）が、その最後に批判的に取材していた世界最大の食品企業、ネスレ社がわがもの顔に支配するようなグローバル経済に密接につながっている。そこではますます生産と流通そして消費の関係が不連続化（不可視化）され、生産／流通／消費の内部と相互の関係において、貧富の格差を作り出すことになる。食品が作られて消費者の口に入るまでの過程については、食品の材料を生産する過程、それを加工する過程、製品化し出荷する過程、流通に乗せる過程、商品として売買する過程、そしてその食品を購入して消費する過程が考えられるが、それぞれの過程の内部には複数の、多様な主体が存在し、そしてその主体間には縮めることの困難な大きな格差が存在する。

餓死と飽食とが至近距離で相補うこの主体間の関係においては、オートメーション化された生産ラインで低賃金で生産する人々と、大量のゴミの処理を押しつけられる人々とが重なりあうように見えてくる。棄却された者たち、すなわち「おぞましきもの《アブジェクト》」、あるいは文字通りの「ｏｕｔ」へと追いやられた存在、すなわちアウトカースト（outcast）として。弥生の夫・健司の死体を解体にかかる場面での雅子とヨシエの次の会話は、この意味できわめて暗示的である。ここにはこの小説が含んでいる「無気味なもの」の原理というべき思念が語られているとも言えるだろう。

「あんたさ、死者に対する礼儀ってないのかい」ヨシエが怒った。「鬼のようだね。あんたがそういう人だって知らなかった」

「死者？」雅子は健司の靴を脱がして袋に納めながら答えた。「これはただの物だと思ってる」

「物？　人間じゃない？　何言ってるんだよ」

「もとは人間だったけど、今は物なんだよ。あたしはそう考えることに決めたの」

「それは違う」ヨシエは珍しく憤った。声を震わせている。「じゃ、あたしが面倒みてるあの婆さんは何」

「生きてる人間でしょうが」

「違うよ。このダンナさんが物なら、うちの婆さんも物だよ。てことは、あたしら生きている人間も物、これも物。だから、差はないんだよ」

そうだろうか。雅子はヨシエの言葉に撃たれたような気がして、今朝方、駐車場でトランクを開けた時のことを思い出した。夜が明け、雨が降り、自分たちは生きて変化している。だが、死体は変わらない。だから物だと考えようとしたのは恐怖が生んだ都合のいい考えだったのだろうか。ヨシエが言った。

「だからさ、生きてる人間が人間で、死体が物だなんてあんたの考えは間違ってるんだ。傲慢なんだよ」

「そうだね。だったら気が楽だ」

「どうしてだよ」

「あたしは怖かったから物だと無理矢理思っていたけど、そうじゃなくて、あたしと同じなんだと思えばできるかもしれない」

「何が」

「バラバラにすること」

「どうしてだよ。どうしてそうなるのかわからないよ」ヨシエが叫んだ。「罰が当たるよ。あたしたち二人とも罰が当たる」

「構わないよ」

「どうして、どうして構わないんだよ」

罰が当たるなら、その罰がどんなものか体験したい。そこまで願う自分の気持ちはどうせヨシエにはわからないだろう。雅子は口を噤み、健司のはいている黒い靴下を脱がせにかかった。(23)

フロイトは「無気味なもの《ダス・ウンハイムリッヘ》」を、E・T・A・ホフマンの小説『砂男』等の分析を行いながら、「無気味な」(unheimlich) が「故郷にある、なつかしみのある」(heimlich) を、それに否定接頭辞の"un-"を付加することによって開示し、それと一体のものとして重なりあう両義《アンビヴァレント》的なものであると説明する。そのわかりやすい例の一つがホフマン描くところの砂男、すなわち眠らないと幼児の眼をむしり取るといわれ、子どもに恐怖を与えた砂男の存在であり、もう一つが「ヴァギナ・デンタータ」としての女性器という場所なのである。右の両義性は、例えば後者（女性器）の例においては、一方では（男根を膣に生えた歯で噛み切られる）恐怖としての「去勢コンプレックス」であり、他方では「だれしもがかつて最初にいた場所」に帰っていく母胎回帰的な「胎内ファンタジー」という形で同時にあらわれることを根拠として語られるものなのである。[24] フロイトはヴィルヘルム・ハウフの小説等から素材をとって、死体や「切断された手足、切り離された首」等々にも「無気味なもの」の表象を見出すのだが、それらの像が（とりわけ断首された身体は）彼のいわゆる去勢コンプレックスを発現したものとして捉えられていることは、見やすいところであろう。

だが言うまでもないが、『ＯＵＴ』に出て来る女性たちの行為、夫の首を絞める弥生、その死体の解体を請け負う雅子たちの行為から、エディプスや、ペニス羨望などのフロイト的な構図を探りあてるなどという読解は成り立ちようがない。それでもあえてフロイト的な構造を適用しようとするのなら、結末の雅子と佐竹とが廃工場で恍惚となって「一体」化する過程に「死の欲動《トーデストリーブ》」の共有を見出すことが出来る程度であろう。だが、その欲動の共有はかなり歪んだ形を取っているし、その実現はあくまでも瞬間的な到達に過ぎない。だからこそ覚醒した雅子は快楽殺人の役割を反転させてしまった佐竹に向かって、「あたしは生きてる。だから死なないで」と懇願することになるのだ。
雅子はヨシエとの（ある種弁証法的な）対話の中で、男の死体を解体するのに、死体は物で、生きている人間は人間と区別する考え、つまりは死と生を不連続とする考えを反転させて、両者は連続している（「あたしと同じなんだ」）と考えることで、逆に生きているがゆえにおぞましい身体（だから彼女は宮森カズオに抱きすくめられそうになった自己の身体を「鬱陶しい」[25]感覚の中で嫌忌する）に死体を倒置することで、それを切り刻み、棄却することが可能になるのである。ヨシエなどには到底思い及ぶことのできない、雅子のこの反転の論理構造こそが、フロイトの考えた「無気味なもの」の両義的構造と重なるのだ。[26]
最初、死体を「物」と見なして自分たち「生きてる人間」の身体をそれから区別しようとする雅子に対して、ヨシエの方は死体が物なら彼女が介護する姑も物、結局自分たちも物で、そこに差はないのだと反論する。ヨシエから示されたこの連続性の論理は雅子に死体解体の行為を合理化する新たな論理を与えた。「生きている人間も死体も同じ物だ[27]」という認識は、生あるものが可変的であるのに対して物は不変であるゆえに異形で怖ろしいと考えていた雅子の認識を改め、彼女は逆に自分と同じ存在ならバラバラに解体できる、と考えるに至るのだ。この新しい認識は同時に読者をして、雅子が内面奥深くに無意識に宿している彼女のアイロニカルな自己認識、そして自己否定的な（マゾヒズム的な）欲動の存在に気づかせるに至るだろう。
雅子やヨシエたちは弁当工場のコンベアの上では当然、食肉も扱うのだが、その肉が自分の関わりある人間の肉と置き換え可能なものであり、あるいはまた自分自身の肉とも連続していることが暗示されている（実際、邦子がそれを体現することになる）。反面で、『ＯＵＴ』では、『キッチン』とは異なり、「食べる」というモチーフは完全に周縁化されている。例えば死体を解体した風呂場を掃除した後に、雅子は息子が自分が工場で作ったのと同じ弁当を一人食べているのを目撃する。「食べる」ことはそのようなアイロニーの中にしか示されないのである。この小説では、健康を維持する人間的な営みとしての「食べる」ことがそもそも幻像であり、その幻像を成り立たせる社会や家庭が解体に瀕していることが前提にされているのである。

4　ポストバブルの「アブジェクト」

雅子やヨシエたちが従事する弁当の組み立ても死体の解体作業も、彼女たちの主体が「全体」から疎外され、断片化され物象化された主体であることを暗示している。自らも生産ラインのパーツとなりおおせて、最後にはゴミとして棄てられるかもしれない弁当にパーツを組み込むこと、切り刻む他者の死体を「物」と見なし、それをポリ袋に入れて棄てられる「ゴミ」に置換することは、彼女たちの生きて生産する身体をも「物」ととらえ、「ゴミ」に置き換え得る視点へと彼女たちを導く。ジョルジョ・アガンベンの「ホモ・サケル」（*homo sacer*）という概念領域を意識しながら、ジークムント・バウマンは国民国家が「秩序とカオス、法と無法、市民とホモ・サケル、所属と排除、役に立つ（＝正当な）製品と廃棄物のあいだの区別を統轄する権利」を主張してきたと述べる。(28) 消費社会において消費する主体になり得ない者たちは、「廃棄物」として周縁化されてしまうというのだ。だとすれば雅子たちパート勤務の主婦たちや宮森カズオなどの外国人労働者たちの位置は、この「廃棄物」へと転落する手前の、ぎりぎりの淵にあると見なすことができるのではないだろうか。

もちろん雅子たちはその生活においてコンビニ弁当を作るだけではない。例えば彼女たちの生産物である弁当については、彼女たち自身あるいはその家族が食べて消費しもする。邦子に至ってはブランド品や男に対する消費衝動によって生かされているとすら見える。弥生が死んだ夫の多額の保険金を手に入れたことによって、彼女たちは束の間、経済的な自由を手に入れる。それまで雅子が行っていた小金の貸し借りの域をこえた、死体解体ビジネスの秘密の経済圏が確立されるからだ。

にもかかわらず彼女たちの暫定的な経済圏はいかにも脆く、佐竹が取り仕切る別のアンダーグラウンドな経済の圏域と葛藤を引き起こしてしまう。そもそも邦子などは死体解体ビジネスでお金を手に入れ街金の十文字からローンを帳消しにしてもらったとしても、彼から「こいつも不良債権だ[29]」などと烙印を押されるだけの存在として描かれる。ポストバブル経済の落とし子である「不良債権」、あるいはバウマンの言う「人間廃棄物[30]」(human waste)。リサイクル不可能な生ゴミ。邦子が「人間廃棄物」として解体作業の素材に転落していく展開は、この物語の論理からしてある意味では必然であった。そのような「アブジェクト」あるいは「アウトカースト」として、雅子もまた弁当工場のある武蔵村山市とバブルの亡霊が巣くう新宿の街の、そのあわいへと吸い込まれていく。そしてそれは夫や息子との偽装的な家庭の空間から彼女が脱出していくことをも意味していたのである。

村上潔は戦後の一九七〇年代までの数度の「主婦論争」を整理して、主婦論争の言説をⅠ「職場進出論」、Ⅱ「主婦天職論」、Ⅲ「運動主体論」、Ⅳ「構造的貧困論」の四つに分類している。Ⅰは女性の人材活用、Ⅱは一九七〇年代に増大した専業主婦、Ⅲは市民運動・地域活動のそれぞれの立場に立った言説だが、Ⅳは専業・パートにかかわらず、働く／働かないという選択自体が出来ない階層、すなわち働かざるを得ない階層の言説であり、村上は「主婦論争」はこのⅣの層の置かれているきびしい現実に対して有効に機能しなかったと批判的に分析している。[31]『ＯＵＴ』が発表された翌年の『平成10年版　女性労働白書』によれば一九九七年における女性の入職者数と離職者数がともに前年に比べて大幅に増加し、この時期に多くの女性たちが職場を異動し、女性の労働をめぐる状況が不安定であったことを裏づける。[32]

弁当工場で働く『ＯＵＴ』の女性たちは物語が始まる時点では、境遇に違いはあるものの、いずれも表面的にはごく平均的な日常生活を維持できているかに見える。しかしながら、小説は、彼女たちの拠って立つ足場がいかに脆弱で、いかにやすやすと崩落してしまうものだったのかを描き出す。小説の大団円の舞台は、彼女たちが働く工場近くの、同じく弁当工場だったものが閉鎖されて荒涼とした廃工場。そこで繰り広げられる佐竹と雅子の性交と殺しの劇は、それまでのプロットの展開からして唐突で不自然であるとして、この作品の欠点と見なされて、大方の評価は高くない。けれども冒頭から、この廃工場とその周辺は弁当工場へのアプローチの描写の中に印象深く描かれており、廃工場と弁当工場の駐車場を蔽う深い闇は、ちょうどテクストの持続低音《ゲネラルバス》のような役割を果たしていると捉えることが出来る。

上記の通り「荒涼たるコンクリート製の棺桶」と形容される、バブル時代の負の遺産としてのその空間は、雅子たちが働く弁当工場の陰画であり、あるいはその未来の姿をも暗示しているのかもしれない。雅子は佐竹に拉致されたとき「戻る場所に戻ってきたという安堵[33]」を感じる。佐竹の快楽殺人への衝動の餌食になっているにも関わらず、彼女は自身の内奥に眠っていた欲望を呼び覚まされ、ミソジニストで殺人犯の佐竹を理解し彼を「愛しい」とまで思う。バブルの廃墟、「棺桶」としての廃工場は善悪や倫理をこえた価値を帯びて、雅子たち、パートタイムの女性たちがそれぞれに歩んできた物語群を包みこむ。

この二人のサドマゾヒズムの行為が行われるのは、心地よい寝室のベッドではなく、凍てついた工場の、かつてはベルトコンベアが走って、そこで弁当を作っていたステンレス台だ。そこでは「まるで雅子がベルトコンベアに乗せられた食物のように[34]」見えるのは当然である。雅子は自身の身体がパートタイマーの深夜労働で手に取る肉のパーツであり、彼女の自宅の浴室で解体した死体の肉片と重なってしまうこの風景を受け入れざるを得ない。

それにもかかわらず、テクストの語りは、彼女の存在がどれほど蔑まれ貶められようとも、雅子の身体をけっして脆弱な身体に落とし込むことはせず、彼女の存在からその尊厳を奪うことはない。彼女はこのようなカタストロフの局面にあってもポストバブルの時代の生贄としてではなく、その時代と空間を紛れもない主体として生きのびようとしているからだ。もちろんそれはユートピア的に未来を約束された生なのではない。キャロル・メモットが『ＯＵＴ』のレビューの中で次のように評する、「凶器」としての主体、それ以上でも以下でもないのだから。

桐野の描く人物たちは互いに傷つけあうガンなどは必要としていない。寒々とした、冷淡で絶望的な女たち、彼女たち自身が凶器だからだ。[35]

佐竹を殺して難を逃れた雅子は新宿に向かい、駅ビルの上から佐竹が暗躍していた街、歌舞伎町を見下ろし、一瞬よみがえった佐竹や廃工場の残影に浸る。だがすぐに、佐竹や死体ビジネスが彼女の手許に残した大金を手に、ブラジルあるいはどこか遠い土地に飛び立つべく航空券を買おうとするところで、物語は閉じられる。その大金がバブルの泡沫な夢とその残骸をかき集め濃縮されたものである以上、雅子の行く先がブラジルであろうとどこであろうと、その場所が依然として「荒涼」としたものであることとは間違いない。けれども読者は、彼女がこの先どうなろうとも、そのポストバブルの「荒涼」を生き延びていくことを疑わないはずである。

※本稿はヨーロッパ日本学会（ＥＡＪＳ）、第十四回国際大会（二〇一四年、リュブリャナ）におけるパネル“Gender Identity in Post-bubble Literature”で報告した英文ペーパー（原題、“The “Abject” Representation of Post-Bubble in Kirino Natsuo’s *OUT*”）に基づき、さらに加筆修正を行ったものである。

(1) 吉本ばなな『キッチン』(福武文庫、一九九一)、六頁。
(2) 前掲書、六―七頁。
(3) 前掲書、七九頁。
(4) Banana Yoshimoto, *Kitchen*; traduzione e postfazione di Giorgio Amitrano, Milano: Feltrinelli, 1991.
(5) Helen Mitsios [ed.], *New Japanese voices: the best contemporary fiction from Japan*, New York: Atlantic Monthly Press, 1991. p.152.
(6) Banana Yoshimoto, *Kitchen*; translated from the Japanese by Megan Backus, London: Faber and Faber, 1993. p.3.
(7) Banana Yoshimoto, *Kitchen*; aus dem Japanischen von Wolfgang E. Schlecht, Zürich: Diogenes, 1992. p.9.
(8) Banana Yoshimoto, *Kitchen*: *roman*; traduit du japonais par Dominique Palmé et Kyôko Satô, [Paris]: Gallimard, 1994. p.9.
(9) 前掲書、九〇頁。
(10) バブル崩壊の始まりを告げる一九九〇年十月の株価暴落の時期に発表された経済企画庁『平成2年　国民生活白書　人にやさしい豊かな社会』(一九九〇)は、「堅調な消費」に注目し、バブルの繁栄をなお寿いでいるが、戦後の技術革新が生活史を変革してきたことを強調し、食生活において冷蔵庫の普及と大型化と関連して、冷凍食品がインスタントラーメンやレトルト食品とともにその数を増やしていることに特に焦点をあてている。
(11) 因みにコンビニエンスストア最大手のセブン-イレブンはもともとアメリカ合州国テキサスの(電気冷蔵庫以前の)冷蔵庫用の角氷を売る氷小売店に発祥する。
(12) 前掲書、九一頁。
(13) 一例として、同映画の内容をもとに編集されたエルヴィン・ヴァーゲンホーファー、マックス・アナス『ありあまるごちそう　世界が飢えていくメカニズムがわかる』(ランダムハウスジャパン、二〇一一［原著、二〇〇六〕）から、オーストリアで廃棄されている大量のパンに関するくだりを引用しておく。「ウィーンのある大手パン製造業者は10％が返却品だと公にしている。つまりオーストリア最大の都市である首都ウィーンでは、第二の都市グラーツで一日に消費されるのと同じ量のパンが毎日捨てられているということになる。廃棄されるパンの一部は豚の餌になるが、大部分はすでに廃棄されたゴミ山に加わるかゴミ焼却場に送られる」（同書、六二頁）

(14)「ちょうど有名な地方銀行が倒産した頃であり、行員たちも寝耳に水だったという話を聞いてヒントにした」。桐野夏生『ジオラマ』（新潮文庫、二〇〇二）、二九二―二九三頁。

(15) 桐野前掲書、二六五頁。

(16) ジグムント・バウマン『リキッド・モダニティ　液状化する社会』（森田典正訳、大月書店、二〇一一年〔原著、二〇〇〇年〕）、一五―一六頁。

(17) 作中の弁当工場のモデルを詮索することにはあまり意味がないと思われるが、わらべや日洋ホールディングス（創業一九六四年）の例を見ると、同社は一九七六年から武蔵村山市に日洋デリカ株式会社村山工場を新設して、以来食品生産を同地で行っている。一九七八年以降、セブン‐イレブンを主要取引先としておにぎり、弁当、惣菜などの食品を生産して供給している。現在は全国展開している同社がウェブサイトに掲げる従業員数は二〇一四名（二〇一六年二月末日現在）。だが、臨時従業員数として一一三二七名（一日八時間労働換算）も挙げている。同社ウェブサイト http://www.warabeya.co.jp/company/OUTline.html（二〇一七年三月二十八日閲覧）参照。

(18) 武蔵村山市に一九六二年以降存在した日産自動車の生産拠点、日産自動車村山工場がそのモデルであろう。但し、一九九九年、ルノーから日産に移ったカルロス・ゴーンの指揮のもとで発表された「日産リバイバルプラン」によって閉鎖が決定し、二〇〇四年には完全閉鎖した。その後二〇〇二年には、一四〇ヘクタールに及んだ広大な跡地の四分の三は宗教法人真如苑に譲渡された。現在、Google Earth の航空写真で武蔵村山市を見ると、西隣に巨大な米軍横田基地が控え、その中心部には横田基地ほどではないにせよ、ぽっかりと広大な工場跡地が市の真ん中に拡がっているのが確認出来る（二〇一七年三月二十八日閲覧）。

(19) 桐野夏生『OUT』下（講談社文庫、二〇〇二）、三〇七頁。

(20) 桐野夏生『OUT』上（講談社文庫、二〇〇二）、一二頁。

(21) 川本「ミステリー小説の東京2　桐野夏生：西の新興住宅地と歌舞伎町」、『東京人』一四一号（一九九九・七）、一一四頁。

(22) 古川琢也「潜入ルポ　セブン-イレブン弁当工場の内側」、古川＋週刊金曜日取材班『セブン-イレブンの正体』（金曜日、２００８）

(23) 前掲桐野『OUT』上、一三九―一四一頁。

(24) ジグムント・フロイト「無気味なもの」（"Das Unheimlich," 一九一九）。ここではテクストは種村季弘訳のホフマン／フロイト『砂男／無気味なもの』（河出文庫、一九九五）に拠った。

(25) 前掲書、一八九頁。

(26) 因みにエドガー賞　長編賞にノミネートされたことでも著名なスティーヴン・スナイダーによる同作の英語訳は、ヨシエから死者を生者と区別する考えを「傲慢」と非難された後、雅子が発想を反転させるこの重要な展開を訳し切れていない。「だったら気が楽だ」の部分は "But it would be easier if they were objects." と、「そうじゃなくて、あたしと同じなんだと思えばできるかもしれない」の部分は "I won't be able to do it if I don't think of him that way." と訳されているのだが、これでは、生体じたいがそもそも「物」(objects) であり、死体はその生体と連続している（同じ）と考えるに至る転換が表現されないことになるのではなかろうか。参照 Natsuo Kirino, *OUT*, translated by Stephen Snyder, Kodansha International, 2003. pp.65–66.

(27) 前掲桐野『OUT』上、一八九頁。

(28) ジグムント・バウマン『廃棄された生―モダニティとその追放者』（中島道男訳、昭和堂、二〇〇七［原著、二〇〇四］）、五七頁。

(29) 前掲桐野『ＯＵＴ』上、二〇四頁。

(30) 「「人間廃棄物」、より正しくは役に立たなくなった人間（wasted humans）（「過剰」で「余計」な者、すなわち、居ることの認知や許可を得られなかったか、あるいは臨まれなかった者）は、近代化の不可避的な結果であり、モダニティの分離できない付属物である」（バウマン前掲書、九頁）。なお、バウマンがこの「人間廃棄物」というカテゴリーをもとに、「グローバリゼーションの廃棄物」（同書、一〇一―一〇二頁）として、特に難民《レフュジー》や流民《ディスプレイスト》、経済移民、サン・パピエ（sans papiers）といった人々に着目しているのは、今日的課題を追究する仕事としてきわめて重要である。

(31) 村上潔『主婦と労働のもつれ―その争点と運動』（洛北出版、二〇一二）五一―五六頁。

(32) 労働省女性局編『平成10年版　女性労働白書―働く女性の実情―』（21世紀職業財団、一九九九）、一五頁。

(33) 前掲桐野『ＯＵＴ』下、二九八頁。

(34) 前掲書、三二一頁。

(35) Carol Memmott, "These women are down and 'OUT'," in the *USA TODAY*, 2003.8.18（http://usatoday30.usatoday.com/life/books/reviews/2003-08-18-out-review_x.htm 2017.3.31閲覧）

第5章　笙野頼子「なにもしてない」論
――〈中途半端〉の力学

浅野　麗

笙野頼子『なにもしてない』講談社、一九九一年。

1　「反権力」でも「親皇室」でもない？

笙野頼子が『群像』一九九一年五月号に発表した創作・「なにもしてない」[1]は、一九八一年に群像新人賞を得て作家として世に出たものの、それから一〇年にわたって妥当な評価を得られなかったという笙野頼子の名をあらためて世に登録した。本作が収録された『なにもしてない』で笙野は第一三回野間文芸新人賞を受賞する。その選評[2]では「極度に内向的な主人公のモノローグ」（秋山駿）、「今後「他者」の意識が必要になる」（富岡多恵子）といった注文がつけられた一方で、「「私小説」とは、世界の狭さ・貧しさと引き換えに、世界のリアルな構造をつかもうとすること」だ、「久しぶりに「私小説」を読んだ気がした。これは称賛である」（柄谷行人）という評価があった。

この作に至るまでの作者の不遇の時代のことは本作でも触れられている。「十年間ずっと私自身はナニカシテキタツモリでいたのだった」。「自分の本が出ていない私には自分の読者はない。あ、これでいいんだという安堵だとか、まともな自省《ママ》心をもたらしてくれるごく一握りの手紙や時評を大切に普段は暮らしている」。「私」の「暮らし」は、一九八九年に爛熟期を迎えるバブル経済の景気浮揚の騒ぎや、あるいは大国・アメリカとの貿易摩擦が問題となる程度の経済大国であった日本社会の好景気[3]とは無縁である。その「暮らし」は、「読者はない」という点で作家として社会化されていないという不安に覆われており、その不安は、作家として経済的に自立できていない「私」に仕送りをする家族との心理的な距離感にも規定されている。仕送りが「私」の生きる糧でもあるが、伊勢の実家にいる「父」は、一九九〇年一一月の平成天皇の「即位礼」に関わる「神宮親謁の儀」に合わせた「ゲリラ」の「テロ」に遭遇するのではないかという親族の心配をよそに海外旅行に出かけ、伊勢に帰省していた「私」や「母」に「カルチェの小物入れ」を買って帰り、「ブランドについてもまるで知ら」ない「私」を戸惑わせる。このように、「収入にならないのに忙しい」が「ナニカシテイル状態」とも思えず、「自分でもみじめなのか余裕あり気なのか判らない」不安定な日常を過ごす「私」にとって、日本の八〇年代消費の象徴のような海外旅行やブランド品は[4]、家族と異なる「暮らし」をする「私」をさいなむ負のアイテムとして登場する。

同時代社会の高揚感とは無縁で、家族にもその仕事を認められない「売れない作家」の孤立感と憂鬱の濃度が特徴的な本作は、たしかに「ナニモシテナイ」と言われる者の「内向的」な「モノローグ」においで際立っていよう。だが本稿では、そこに具体的な時間が導入されていることに注目したい。それは、一九九〇年一一月中旬から下旬にかけて「国家行事」として行われた皇室行事、平成天皇の「即位礼」を祝う儀式に伴う①「三連休」（一九九〇年一一月一〇日から一二日）と②「神宮親謁の儀」（一九九〇年一一月二七日・二八日）である。①の期間に「私」は、接触性湿疹を悪化させて八王子のワンルームマンションの「密室」にひきこもり、出口のない思考の渦に巻き込まれている。また②の期間において、東京から名古屋を経て郷里の伊勢に向かう「私」の道中と、実家での「私」と家族とのやりとりが記される。伊勢への移動の際に「私」は「皇族」に遭遇し、その移動を追う報道、警備の「警官」、観衆のいる場に居合わせる。とりわけ注目したいのは、「密室」で「即位礼」をテレビ視聴する「私」を、帰省の道中で皇族の移動する「現場」に居合わせる「私」を、そして伊勢の実家では「神宮親謁の儀」をテレビ視聴する「私」を描き出すところである。「ナニモシテナイ」と言われる者の「内向的」な「モノローグ」の舞台として、その時空間が選ばれるのはどうしてか。

バブル経済を背景に経済大国としての自負を抱いていた日本国家は、平成天皇の「即位の礼」を国際的に開かれた国家行事とした。一九九〇年一一月一二日の「即位礼正殿の儀」は、「158カ国と国連、欧州共同体の海外代表約500人を含む約2500人が参列した」ことでその「盛大さ」が言挙げられ、「過激派によるゲリラ事件」や「テロを警戒して」「都心部に前例のない厳戒態勢がとられ」る。[5]日本国家が経済大国としての国際的役割を模索する、[6]九〇年代前半の統治の転換期のものの一つとして平成天皇の即位礼に関わる一連の儀式をみるなら、「なにもしてない」が儀式と報道、そして、過剰警備と「個人」との関わりをどう描いているのかを考えることには意義があろう。

たとえば笙野は、「即位行事に触発されて出来た」本作では「共同体の呪力をテーマに選んで、それらが個人を取り巻く、或いはその心に入り込む様子」を、とりわけ「大袈裟な国家論」ではなく「小心な市民の心の底に湧き上がって来る、理性では割り切れない共同体への思いと幻と現を、個人に出来る範囲で感情のままに書いた」[7]という。その「感情」の揺れには何が描かれたのか。ここで、この「私」を笙野が「中途半端」としている文章を引いておく。

この作品の主人公は反権力でも親皇室でもなく、中途半端な人だ。だがその中途半端さは無為で無能で無力な人間の外界への反応を、本能的反抗心も鬱陶しい怯え方も染まり易さをも、同時に表現した結果と私は思っている。小市民の軟弱な心の中の日本像をそのまま書きたかった。〔…〕ばらばらな感じで、幻と現実の境界線だけを確かめながら書いた。／あの時期の警備の様子などは出来るだけ正確に書こうとはした。だが大勢の取材者がテレビカメラで冷静に映し出したものと、ひとつのテーマに縛られた主人公が個人の偏見だけで眺めた光景とはかなり違うはずだ。(8)（傍点原文）

本作の主人公は「反権力」でも「親皇室」でもないとわざわざ述べ、「本能的反抗心」、「鬱陶しい怯え方」といった情動的な点から「中途半端」が強調される。その「中途半端」の情動が成す「日本像」や「光景」、すなわち「個人の偏見だけで眺めた光景」は、「大勢の取材者がテレビカメラで冷静に映し出したもの」とどのように異なる「日本像」や「光景」となっているのか。その表象を検討することは、「警備」下の「小市民の軟弱な心」が、どれほど批判的公共性に開かれているのかを検討することに等しい。このとき重要になってくるのは、この「境界線」をめぐる力学だろう。「国家行事」の中継をテレビ視聴する「私」における、受動的な情報取得に関わる暴力的なテクノロジーの痕跡や、「行事」のスペクタクル的消費をなす主体の葛藤が、その「境界線」には浮かんでくるだろう。

この点に関わる先行研究に触れておく。たとえば清水良典(9)は、「接触性湿疹」をこじらせて閉じこもる「私」と、「社会のさらに奥深い閉ざされた対極で「ナニモシテナイ」存在」である「天皇」とが

「隠喩的関係」にあるとみるが、その「あざとい意図」にとどまらない本作の特徴を次のように述べる。小説中盤に置かれた、伊勢に帰省する「私」と「「天皇」一家」との遭遇、すなわち「「私」の非接触生活」と無縁のような「皮肉な対照的事件」の描き方に「突き放した批評的視線」がみられる。その批評性は「ものものしい警備や人々の興奮ぶり」といった「「外」」を描写するところに発揮されており、とりわけその「外」を「幻想と区別のつかない観念にとり憑かれている「私」」の主観で強く規定しているところ、すなわち「内部の幻想に劣らず不思議に非現実的な光景」として「外」をみせる効果を評価している。

清水が言いたいのは「現実」を「ニセモノ臭い」ものにみせる「幻想」の叙述や、それと通底する「視線」の基盤となる感性が「外」の世界に勝利していることだ。が、この結論が「私」を「天皇」のメタファーとみる観点に拠ることを考えると、「私」と「天皇」とが世俗に対する超越的存在として共通する図式が揺るがないこと、ゆえに「私」の世俗性を度外視した上で「外部」に対する「私」の「幻想」の優位性を評価することになってしまうのではないかという懸念が残る。それは結局「天皇」をも「外部」に対して優位な存在とする枠組みや「ナニモシテナイ」者を周縁化する抑圧的な力を温存することにもなる。この疑問を持つとき、「虚構空間としか思いようのない」「現実」を「浮遊」する「私」を指摘する中川成美の論考[10]も、清水論と同じ圏域にあるようにみえる。

中川論は、「私」の「家族」と「皇族」とをアレゴリカルに結び、両家族を「ファミリー・ロマンスを遂行しようと欲望しながら、何かのずれによってそれが不可能に」された集団とする。「私」の「家族」は「家族の神話」を模倣しようとしながら微妙な差異で狂って」おり、「皇族」は「神」の具現者として家族の「物語」を作り上げていこうとして失敗している。というのは「伊勢の古層に浸透した民族の歴史を表象する行為としての皇族の参拝」であるはずの「神宮親謁の儀」は、その「歴史の連続性を感じさせない若い皇族夫妻によって行われ」て「歴史」を破綻させているからである。ゆえにファミリー・イベントに関わる「私」と「皇族夫妻」は、その形式性の維持に奉仕させられるように「近代が作ってきた規範Canonへの、意識下における抑圧」を生きており、両者とも「主体の空虚な存在」として「テクストの「内」と「外」をなにもしないで浮遊している」。「浮遊」とは両者が公共空間になじまない存在になっていること、さらに、その社会的有用性を調達できないまま役割を演じさせられる問題を突くものである。だが、制度に抑圧され現実に疎外されたものとして「私」と「皇族」とを一括する図式で語ることの限界は、清水論と重なるところである。

システムの外部にあることを補償する「幻想」を抱く「私」であるのならば、「私」はどこまでもメタ的な位置に立てるシニカルな相対主義的な語り手にしかなりえない。この疑念も踏まえ、天皇と「私」、あるいは「皇族」と「私」の「家族」とをアナロジーで結ぶことを禁欲して本作をとらえる。そこで「私」の「幻想」と言葉、その言葉と「外」との連関を焦点に据え、「幻想」に由来する言葉が「ナニモシテナイ」者とされる「私」の「中途半端」をいかに構築しているのかを検証したい。それは、皇室行事のテレビ視聴を求める世俗の欲望を徹底することが、世俗に対する超越に飛躍することを抑制するような、語りの戦略として把握されるべきことである。

2　「密室」の「私」の権能

「なにもしてない」の梗概を、再び笙野のエッセイを引用して示しておく。

八王子の無名作家が即位式の連休中に湿疹をこじらす。その湿疹が元々の外界への違和感と繋がり、自分を取り巻くものへの現実的な認識体系を壊していくのだ。湿疹を抱えたまま、今度は儀式の警備でがんじがらめになった伊勢へ帰郷する主人公の、皮膚一枚の上の強烈なかゆみは世界観に反映して、外界はただのアレルゲンになったままだ。[11]

引用文二文目までは本作前半を、それ以降は後半を説明している。ちなみに前半は全体の三分の二を占める。まず、その前半にみられる「閉じこもる」「私」の論理を明らかにしておこう。引用エッセイによれば、それは「外界への違和感」によって「現実的な認識体系」が壊れるという因果関係を持つようだが、どのようなものか。たとえば増田みず子は「創作合評」（『群像』一九九一・六）で、この「壊れ」を示す方法について「大事な意見をいわなきゃいけないところで、いわずに次々と飛び移っていく」、世界の感じ方は丁寧でも「感じ方を判断しようとするときに、この人はものすごく乱暴」になるという。[12]「乱暴」に跳躍する文は、本作の「私」が「なにか意味ありげな人間にみられる」ことを拒否する態度に応じており、それは語りの饒舌さや速さをもたらしても、「鬱」と「湿疹」に悩まされる「私」を治療から遠ざける時間的停滞を生む。文の成す意味をなかなか把握できない読者は「外界」への不安や恐怖といった情動の強さだけを印象づけられるだろう。この印象を受けたであろう渡部直己は時評で次のように述べる（『すばる』一九九一・六）。その「癖のつよい独り言」のすごみを書法レヴェルで開拓」できておらず「しまりのない告白」である。それは「「なにもしてない」がゆえに何をしでかしても不思議ではないといった気分が放恣な言葉を吐き出す笙野流のとりとめのなさ」の発露でしかない[13]。裁断的な言い方ではあるが、この指摘を無視できないのは、「私」を「主体の空虚な存在」（前掲中川）とみることの問題を言い当てているからだ。「私」がそのような「存在」なら、空虚さに比例して無限に「放恣」に言葉を吐ける万能さが担保された語りがあるだけだ、という注意を渡部の時評は喚起する。ここから出発して「認識体系の壊れ」の論理を明らかにする。

本作冒頭には、「破傷風でもなければ凍傷でもない。ただの接触性湿疹をこじらせた挙句、部屋から出られなくなり妖精を見た」とある。前半はこの経緯を「三連休」の「私」の「モノローグ」で示す。社交的でなかった「私」の半生の想起や、治療されるに値しない「ナニモシテナイ」「私」の日々を示すその叙述は、示される事実の一つを「湿疹」や「鬱」の唯一の原因とし、そこから合理的に導かれる治療方法の獲得に「私」を到達させない。とはいえ、たとえば「湿疹」の発症が一九九〇年「十月の終わり」、両親の住む「家の留守番」をして帰京した「私」が、実家の手伝いの余勢で「かなりきつい住まいの洗剤」を自宅で使用したことに見出せそうであること、それをこじらせたことの発端は、「天皇即位式」「の影響や、警備の様子を確かめに外へ行きたくてならなかった」が、「ゾンビのようになって、なんとなく外出は憚」る自己規制をはたらかせたことは特記しておくべきだろう。そして「部屋」にこもって、日常的に寄れる医者にも救急病院にも行けなくなり、自分は病院に行くほどの人間でないという疑念を募らせて「湿疹」の程度もはかれなくなる。

その「私」を特徴づける一言として、タイトルの「なにもしてない」という言葉がある。「なにもしてない」という言葉は、売れるか売れないかにかかわらず文章を書いて生きていこうとする「私」を甲斐性のない娘として措定する「母」の言葉であり、「私」が拒絶できないために成る文脈が、「認識体系の壊れ」を重層化する。その重層性は、「母」の辛辣な言葉が帯びる加害性を認識してなお、その加害の原因は「私」であるとする物分かりのよさと、その理をとらざるを得ない「私」の「中途半端」に関わるものだ。たとえば「母」は、俳人でもあった祖母（母の「実母」）との折り合いが悪かったし、人文系の大学に進もうとした「私」を養子に出そうとした過去も持つ。その態度には、作家や文学を無為のものとみる考えも重なっているのだが、この抑圧を、その背景にも目配りができる「私」は「母」固有の問題とすることができないのである。このできなさこそが「私」の「中途半端」を形成する。

母は幻想の遊びのなかに浸っているわけだが、どこからか湧いてきてその幻想を造り出している、切実な不安は本物に思えた。そんな時、仕方なく私は母の架空の世界に入り、ナントカスルカライイヨ、と慰めていた。が、イイヤオマエニハナントモデキナインダヨ、と次の様々な、推定というより殆ど架空の設定がたちまちどこかからもたらされた。最後には全部自分がいけない、という結論になった。が、自分勝手な事をし、ナニモシテナイ、と思うと私はそうした電話をどうしても切れなかった。いや私が勝手な事をし、ナニモシテナイ、というところに母の落ち込みの原因があると思えたのだ。

引用文は母が、仕送りを受けて暮らす「私」の不甲斐なさを責める場面で、実家の近所で「ひとりぼっちで死んだ老人の話」をしたことに対する「私」の解釈である。「幻想の遊び」のように出される話題は「私」を責めるために活用されるが、その「幻想」の淵源にある「切実な不安」を「私」は度外視できない。「母」の「遊び」につきあうことは、「切実な不安」の「原因」かもしれない「私」をそうと確定させないようにする自己への配慮も含み、「ナニモシテナイ」という言葉で「ナニカシテキタ」はずの時間を忘れさせられることへの予防線でもある。だが、その予防線を維持するには、「私」を「ナニモシテナイ」者とみる視線や言葉（「幻想の遊び」）に接しざるを得ず、それによって無力化されることも回避できないジレンマに「私」はとらわれる。「幻想」に至る「切実な不安」に共鳴するなら、「幻想」を「遊び」のように語る無邪気な暴力にも触れざるを得ない。

これを仮に閉塞と呼ぶならば、「ナニモシテナイ」と言う／言われる二者関係をほぐす回路をいかに生成できるのかが問題になる。その争点は「幻想」と「幻想の遊び」の差異を見出すことになってこよう。すなわち、「幻想」につながる「切実な不安」をつくる構造を真の標的として見据えるためにも、

「私」を支配する「幻想の遊び」のような「言葉」の加害性を払しょくする語りのありようが求められる。

本作では、「幻想の遊び」と異なる「幻想」を真とする回路を模索し、その「幻想」に位置を与えることで、これまで創作を続けていた時間が消されないことを求める「私」の「切実さ」を基底にすえている。その前半は「幻想」と「幻想の遊び」とを分割しようとするところに生じる「認識体系の壊れ」を描出しており、それは「私」と母との関係に規定されている。その「壊れ」の経緯をたどる必要がある。その先に、この「壊れ」を調停するかのように、「即位の礼の中継」を視聴する「私」があらわれ、言わば、国家行事を疑似体験することで精神的救済を得るかのような「私」が出来するからである。

「密室」の「私」は、「外界」との「軋轢」を「真っ白な壁」に重ねてみている。「外界」と「私」との境界線上の「壁」を「真っ白」とすれば、「外界」との「軋轢」そのものが抽象化されざるを得ず、「壁」という境界線そのものが、具体性を持たない「外界」の敵対性を代表するもののようにみなされる。この錯誤こそ「認識体系の壊れ」の要諦である。「外界」をも「真っ白」にみせる「壁」は、その厚み(「軋轢」)を無制限に増し、「私」はますます「部屋から出られなくなる」。その排他的関係の強固さが思弁に「切実さ」をもたらすのも事実だが、「母」との関係、湿疹、鬱を「私」が治癒できるのかどうかという命題にとって、その排他的関係は疑似問題にしかなりえない。やがて「密室」は、「外界への違和感」を象徴する「湿疹」を快楽とする「私」を、そして「認識体系の壊れ」を操作できることすら疑えない「私」をうみだすことになる。「湿疹」をこじらせた「私」は「掻いても掻いても痒みが治まら」ないが、「痛みに変わると気持ちが良」くなるうえ、その快楽は「暗い私だとか嫌われる私」を吹っ飛ばしてくれる。その持続のために言葉も用いられる。言葉は「私」を、「指の取れる奇病」にかかり「医者に行ったところで治療法もない」という「思い込みの世界」を生きるヒロインにもする。そのことにすら自覚的な「私」は、その言葉「遊び」をも「実験」というようになり、さらに「自分の脳の一部が働かなくなった」と考え、熱い茶の入った茶碗を手で持ち食べ物に唐辛子をかけカイロをにぎって眠るといった、湿疹を悪化させる不合理な行為にふける。これもまた、自覚的に「壊れ」として合理化する。感覚・心理・行為・発話のすべてを「実験」とみなす「私」には中立性の装いがあるが、それは「私」以外の誰にも検証されない。その装いを疑わない限り「私」は無謬であり万能であるが、それは他者も外部も持たない者に属す狂気の産物としか呼びようがない。

この危機の転回点のように本作に置かれるのが、「即位の礼の中継」を視聴することだ。そこで「私」は「それが国家行事で、私がこの国のコクミンなのだという、妙に生々しい感触」も持つようになる。と同時に「現にしているところを同時進行で見、現実にその場にいるような錯覚を持ちたい」という意志を持つ。この先に「妖精」を見るという「幻想」が起きる。この「幻想」はいかなる転回点なのか。この錯覚の求めと「コクミン」としての「感触」との連関を整理する。

この段階の「私」にとって「ブラウン管」の向こうの「現実」といわれる「その場」には「真っ白い壁」を肥大させた「外」が重なる。とすれば、「白」い外界に対置される「私」が、映像を見て「現実のその場」を占める「錯覚」をもてると思えること自体が重要な問いを逃すことになろう。「現実のその場」を誰として占めることを想定し、ゆえに誰としてどのような「錯覚」を持てることになるのか、という問いである。この問いを抜きにして如上の「錯覚」を求めることは、ここではないどこかとして無規定にありつづける「真っ白」な「外」に、何かしらの真実がありげな「現実」を投影できる「私」が、何を「錯覚」とするのかわからないまま「錯覚」を求めることと同義となる。このとき、「コクミン」というカテゴリーに自らを位置づけることは「私」が誰なのかを画定する端緒といえるかもしれない。ただし、それはカタカナで表記され国民と異化され、「国家行事」をみることで統合される国民という属性に安易に同一化しない、国民という集合的呼称で自らが呼ばれることの留保も含意している。この「コクミン」としての「私」が、国民とどのように異化される「私」を指し示すのかが定かでないままなら、「コクミン」という表記は異化の目論見だけを指し示すこと、もっといえば、異化のための分節を目的とする「私」が国民の「本来的な有機的全体性」（酒井直樹[14]）のうちで、戯れの相対化を図っているだけだともいえる。しかも、この「私」は、先述したように、「錯覚」をめぐる自己欺瞞からも解放されていない。ここで「私」が「即位の礼」を具体的にどう見る主体として現われているのかを確認しよう。

「即位の礼の中継」をみる「私」の「関心はいきおい衣装だけに向き」「きれいな色を見」ることの没頭に費やされた。が、テレビは「細かいところ」を決してみせず、「私」をいら立たせる。そこで「私」は『源氏物語』や『古典辞典』における衣装の図式的説明を思い出し、それで「細かいところ」を補おうとする。果たして、その国民的教養は「生地」の細部を見ることに満足したい「私」が、その図式的説明に「何の関心もない人間」ということを発見させた。「即位の礼」の視聴は具体的に、「自分は生地を見ることが好きなだけ」だということ、そして「衣裳」を把握することの補助線となる、国民の道具としての古典のテキストを不充分にしか活用できない「私」を導く。「コクミン」としての「生々しい感触」が、その言葉を思い浮かべられる「私」と、それに同一化できない「私」の断層を示唆するところで「妖精」幻想が出来する。「連休の尽きる真夜中、頭の中で鳴っている小さい音楽だけが大変規則正しい波紋になり、病は頂点に達」する。ここで「私」は自分を「苔」に見立てて「妖精」を見る。

吐かないはずの言葉が湿疹と一緒にぶくぶく出てきて、体の外へ、自分と関係のない正しい理性の世界へと流れ去った。〔…〕このまま苔になる。欲しいものもしたい事もその時には消えている。誰かに会いたいとも思っていない。自分のしてきた日本語いじりも他人のした事のようにしか思えなかった。〔…〕自分の体と心が気持ち良くふたつに剥がれた。目を開いたままで視界は透明になり、体の感覚や重みが消え呼吸の音もなかった。なる程こうして死ぬのかと勝手に納得した。そして妖精を見た。いや、妖精がそこにいるのを、自分の湿疹が光りの固まりになって飛び回るのを見た。／それは物質に触れる事も直接に働き掛ける事もない、本来、存在し得ないものであった。〔…〕それはただ何かを見たがっている。見る事以外何も望まないが、その視線にはあらゆる生臭い衝動が沸騰している……／それが植物化した私の、或いは植物になりきれない私の総てだった。〔…〕見たい。何を、というのではなく普通の人間が普通にみるものを、普通さを徹底させて見尽くすような感じで。見るだけでなにもかも肯定されてしまう。植物と化した体から見たいという欲望だけがすり抜けて空に上がる。そう思っただけで私の頭の中はなぜか非常に強い生命欲に満たされていた。（四一―四二）

引用文三行目にあるように「自分のしてきた日本語いじりも他人のした事のようにしか思えなかった」という「私」は、「私」が否認すべき「母」がそうしたように、「幻想の遊び」のようなものとして、これまでの「私」自身の言語行為をみなしてしまう。この規定にしばられない「私」を成り立たすためにこそ、「幻想」に連鎖する、「吐かないはずの言葉」が成る回路が要請されよう。その端緒が「光りの固まり」を「妖精」と幻視する視線にあるようだ。この「妖精」を見出すことで「私」は、引用文末尾より三行目にあるように「普通の人間が普通にみるものを、普通さを徹底させて見尽くすような感じで「見る」ことを求める。「見るだけでなにもかも肯定され」るような実践とは、「私」の「欲望」を充足させるというよりも、「見る」という実践がそのまま「私」を「肯定」する、すなわちその実践で「私」が「肯定」される社会化の回路を要請することである。では、その回路とはどのようなものなのか。重要なのは、その回路が成り得るとして、そのとき「コクミン」としての「生々しい感触」と「普通の人間」としての「肯定」とはどのように折り合いがつくのか、ということだ。この問いのもとに本作後半を読む。

３　「普通の人間」の模索として「見る」こと

本章では、本作後半の「私」の伊勢への帰省を中心に「見尽くす」ための「視線」に関する検証を行う。「一番原始的な社会への関心」といわれる「視線」を描き出すために選ばれている舞台が、一九九〇年一一月二六日、「神宮親謁の儀」と「大嘗祭」のために「皇族」が伊勢に移動する時空間である。

東京駅に到着したとき、「その日何があるのか知らなかった」という「私」は、「駅のホーム全体が警官をのっける台のよう」にみえた景観に「何も理解できな」かったと混乱し、「自分がこの国の無力な小市民で、取り締まりの対象になっている」らしいことに思い至る。この「無力」さとの距離を取るように、「私」は伊勢に「実家」を持つ者の卓越性を自らに与える。「東京から新幹線に乗る人々にはそれ［皇族の移動――引用者注］が近鉄名古屋駅を経て伊勢に繋がるという発想はなかった」と述べる「私」は、皇族の移動経路を知る、あるいは経路を推察できる点で「いい時に乗った思わぬトクをした」という人びととの違いも認識できる。その情報を持つ点で「私」は「無力」ではない。そして「皇族」について無知ではないから、彼ら／彼女らを特別視することもない。誰が新幹線に乗っているのかとざわめき、「皇室、天皇、という単語」をひそひそと囁き「テンノーヘーカだろうという事になって」落ち着く車内で、まわりがそうするなら同じように「見えないはずのものに私も座ったまま首を伸ばしてみるし、なんなら「席を立ってもいい」という態度をとれる。さらに、人びとの「歓呼の声」が向けられる対象に積極的な関心があるわけではないが、その関心を示す身振りで人びとに同調する「余裕」もみせることができる。やがて「私」は「一ヵ月以上も前から伊勢では全路地をミニパトカーが走り回って」「日本で一番治安のいい土地というやつに変わって」いるという情報を思い出し、さらに過剰警備はたかが「一ヵ月前の事ではないか、という感覚」も取り戻す。伊勢出身で東京と伊勢とを何度も行き来している「私」は、「警備」をめぐる情報戦において心理的に勝とうとするように、「この国の無力な小市民」として「取り締まりの対象」とする「警備」に対抗するのである。

だが、その演技を強要する「現場」で「私」の「なにもかもを肯定」するように「見る」ことはどう可能なのだろうか。このように問うとき、「私」が「現場にいると却って判らない」、あるいは「現場に出くわしても判らないものは判らなかった」と述べていることに注目する必要が出てくる。それは、「現場」を「見る」ことが却って「私」の認知を途絶させる事態を指し示しつつ、「見尽くす」ことに求められた、「なにもかもを肯定」する回路の成立に関わってくる。

歓呼の声、ああ、神宮親謁の儀だ、といきなり、極端にはっきりと判った。二両後が専用の列車と判明した。伊勢神宮に向かう同じ列車ならば、宇治山田で下りるのだと勝手に決め込み、実際は鳥羽下車だったのが伊勢神宮だからという先入観があった。そしてもうひとつ見当外れに、専用列車というのはもう止めたのだろうか、とも。いや、そもそも皇室関係というだけで特定はできなかった。現場にいると却って判らないのだった。

「私」は帰省当日に何が行われるのかを知らなかったのに、ホームでの「歓呼の声」を聴いて突如として「神宮親謁の儀」という語を思い出せる。その具体的な情報を持てる「私」は、皇族の移動経路を詳しく語り、そしてそれを移動する者が誰かを「特定」しようとする。先にも述べたように、移動経路を思い描くことは「無力な小市民」とされることに対して、その情報を持つために「無力」ではない自分を認識することにつながる。だが、ここにみられるのは、伊勢出身で「皇室関係」に関する知識が豊富であるという一点が、その「皇室関係」とは誰なのかを「特定」したい欲望の源泉にもなっているという事実だろう。とすれば、「現場にいると却って判らない」という揚言は、自分を「無力な小市民」に見立てないための知識が、むしろ「小市民」のような欲望、すなわち、車両に乗っているのは誰かを「特定」したいという欲望の源泉になってしまうことを否認するようにもみえる。つまり、「小市民」たる国民とは異なる「小市民」としての「私」が分節されようとしているのではないか。

さらに読み進めよう。まず、「私」は新幹線乗車中の二時間のあいだに「後ろに乗っていた誰か、の事はすっかり忘れ果ててしまっていた」らしく、そして、新幹線と近鉄の乗り換え地点である名古屋駅で、「タレントでも政治家でもない新婚のカップル」（一九九〇年六月に挙式した秋篠宮夫妻――引用者注）に遭遇して「現場にでくわしても判らないものは判らない」と述べている。

誰もが静止して待つところにテレビの中で見たお雛様が洋服を着て、空気の秩序から抜け出したように登場した。タレントでも政治家でもない新婚のカップル。ヒャア、と誰か言った。どよめきの中を手を振らずに、長身の夫婦が静かに地下道の中を歩いて来た。警官が並んだ道は舞台のように見え、歩行は空を飛ぶかのような特殊な効果を持った。単衣だったお雛様の洋装を私は見た。緑色のスーツ。綺麗な緑だった。／…抹茶の粉のいろから陰気臭さを抜き取り、そこへほんの少し渋いが明るい白灰色をつけ加えてある。ガラスの影のようなごく微かな曇りが明るい薄緑に影を落とし、若葉の葉裏のような静かでみずみずしい緑を作り出している。帽子の鍔が前はもっと若い感じだった。少し斬新さを押さえてあるようだ。スーツのせいか茶色っぽく見える俯き加減の顔。スカートの付属品のようなおとなしい歩行。そのくせ折り目正しい印象。婚約以前の映像で見たジーンズ姿の時と印象がずれる。だがそれはブラウン管の中の事だから確かなものではない……、いや、現場にでくわしても判らないものは判らなかった。（A）／人波が解けたので歩き出した。警官隊がすぐさま、素早くいなくなるというのは妙におかしかった。植物のような魂になったままで、オウチヘカエッテテレビデミヨウ、とだけ思っていた。テレビがあの様子をちゃんと映すかどうか。テレビと現実とを交互に見よう（B）。

「テレビのなかの幻」だった「紀子さん」が新幹線と私鉄の乗り換え地点で「空気の秩序から抜け出したように登場」して歩くのを「私」は見た。「警官が並んだ舞台」で「空を飛ぶかのような特殊な効果」を放つ「単衣だったお雛様」は、その「洋装」というスタイルと「色」に特化して詳説される。「綺麗」な「緑色のスーツ」、「帽子」の色やかたち、その「俯き加減の顔」、「おとなしい歩行」、「折り目正しい印象」が描出される。その描かれ方は、のちに近鉄の同じ車両に乗り合わせた皇室報道のレポーターをめぐるそれと対照的である。レポーターは、その衣服の「生地がまた非常に変わっており、絨毯のように分厚くて毳立ち、縞模様にも見え」、「その織むらは近鉄特急のシートにあるのと同じようだが、もう少し幅が広く、萌黄色を少し濃くしたような影のない緑」という生地の織りと色において詳説される。これと比べて「紀子さん」については、「ブラウン管」でみた「即位の礼」に登場する人びとの「生地」の詳細が確かめられなかったように、「私」は「現場」でも「色」や洋装のデザインをしか把握できない。

「警官の道」という境界線で「私」と「紀子さん」を区切る「現場」は、「ブラウン管の中」と同じような映像しか示さない。この境界線は「見る」「私」を作り出しているのに、「生地を見ること」が好きな「私」を充足させない。この不満足において「私」が、過去に「ブラウン管の中」の映像から得た印象と「警官の道」の中の映像から現在に得た印象との違いが何によってもたらされるのかを把握しようとするとき、引用文傍線部（A）のように、「いや、現場にでくわしても判らないものは判らなかった」という。境界線によって「見る」者にされる「私」が、そこで得られる視覚イメージへの違和感を消そうとすること、すなわち、その違いによってもたらされた謎への興味を否認することとして、この「判らなかった」を受けとめてよい。「見る」者として位置づけられるのに、それを十分に見せない「現場」への不満を解決するように「ブラウン管の中」にみられた「印象」を持ち出して比較しようとする「私」が現れるが、そのようにして「紀子さん」への関心がつくられる瀬戸際で、「現場」で判ろうとすることが放棄される。そのうえで「私」は、引用文傍線部（B）のように、「テレビと現実とを交互に見よう」と言う。だから、ここで「見る」ことがどのようなものとして導かれるのかが明らかにされなければならない。

この、移動の局面について整理する。「皇族関係」に遭遇した「私」は、そこで「無力な小市民」として主体化される隷属を否認するようだが、その否認の足場が「伊勢」の者という出自に拠る情報や「生地が好きな」「私」を思わせた過去のテレビ視聴体験に拠る情報で成されるとき、むしろ、それらの情報によって「皇族」への関心の所在を告げられてしまう。つまり、笙野のエッセイの言葉を使って換言するなら、「反権力」の側を構成する者にもなり得る余地を「私」に残しておこうとするときに使う情報が「親皇室」の者のように「見る」主体としても「私」を成してしまう瀬戸際が、ここには描かれている。では、「現場」では「判らない」とする「私」が「テレビと現実とを交互に見よう」として「見る」ことは、どのような「私」を表象するのだろうか。

4　皇室行事を「見る」ことの果て

昨夕ニュースで確かめた紀子さんの緑色は、普通の灰色の中にほんの少し緑が入っているようにしか映ってなかった。地味な色で、地下で見た時と胸元の飾りが違っていた。テレビでは帽子と共のリボンがあしらわれていた。地下道のところでは光りの加減なのか、小さいカスミ草のような飾りが付いていたと見えた。だがすぐに錯覚と判明した。リボンの水玉模様が私の近眼の目に光線の加減で浮いて見えたらしい。それが白い小さい花に見えたのだろう。／レポーターの名前も、武藤まき子と判った。昼のワイドショーのテロップが出た。神宮の鳥居前に立って、暖めた息を籠らせて吐き出し、言葉を一言一言、切って話していた。落ち着いた表情、ブラウン管の中の顔は白く浮腫んで思い詰めているかのようだ。画面に出ているのは上体ばかりで、前日見た、変わった織り方の生地がそのまま映っていた。だが図鑑のアマガエルも負けそうな緑が、ほんの少し苔の色を浮かせたネズミ色に変わり果てて、アクセサリーも同じものがブラウン管越しでは目に止まり難い。厚みのある大柄な体格に見えた。血色が映えず、鼻だけが拡がり、目も潤んではいなかった。／神宮親謁の儀をテレビで繰り返し見た。

伊勢の実家に着いた当日の「私」は、テレビゲームばかりする母に妨げられてなかなかテレビを観られない。翌日、「昨夕ニュースで確かめた紀子さんの緑色」を思い出す「私」は、「現場」で見たものとテレビで見たものとの違いを鮮明にするように、その衣服の「色」を中心に想起する。そして「神宮親謁の儀」を「テレビで繰り返し見」る「私」には、「武藤まき子」という名が判明したレポーターの衣服の「緑色」も「図鑑のアマガエルも負けそうな緑が、ほんの少し苔の色を浮かせたネズミ色に変わり果て」ているようにみえる。この「色」を媒介とするイメージの変化は「近眼の目」のせいとされ、色だけでなく「生地」を織りなす細かな構成さえも、「現場」での「錯覚」と訂正される。その「錯覚」

は視線の誤動作の結果であり、身体に起因するものとして還元的に語られ、解釈の余地が除かれる。そして引用文末尾にあるように「神宮親謁の儀をテレビで繰り返し見」たという「私」に次のことが起こる。

ブラウン管の中を天皇さんと皇后さんが馬車で進む度に、私はイギリスのテレビのよたっぱちを思い出していた。この馬車は日本に特有のもので、平安時代からこういうデザインでございましたなどと言い兼ねなかった。だが実は気にしているのはそのことではなかった。紀子さんと久子さんの足元だがどう見ても西洋の靴にしか思えないのだった。確か平安時代にも靴はあったはずだが、小さいリボンかなにかが微かに覗いたそれは衣裳の陰に隠れたままおわってしまった。家のテレビは二十九インチのもので画像は良く、それでも十二単衣の生地の感じは伝わらなかった。赤い靴も私の持っているレンガ色運動靴のように映っていた。裁縫が出来ないのに呆けた心で、生地ばかり見ている自分が不思議だった。

引用文冒頭には、日本以外に籍を置くテレビ局が「デザイン」の歴史を誤って伝えかねないという懸念が示される。これは、「天皇さんと皇后さん」という呼称、つまり伊勢の地元の呼び方で天皇と皇后を呼ぶ「私」が、その親密な位置と「平安時代」の「日本」の知識を持つ点から、愚かな報道をしそうな「イギリスのテレビ」に卓越する「私」を指し示す。そしてここには、「神宮」に「親謁」する儀式で、「平安時代」からある「馬車」ではなく、一九五九年に使用された馬車が使用されていること自体を「気にしていること」、すなわち「よたっぱち」を言われかねないほど空疎な儀式として、それを伝える映像への違和感もある。「テレビ」は「紀子さんと久子さんの足元」に「西洋の靴にしか思えない」ものを映し、「十二単衣の生地の感じ」も伝えず、その「靴」も「私の持っている」「運動靴」のようにしか思えなくさせる。そして、「即位礼の中継」を見ていたときには「ただ生地が好きなだけ」と自認した「私」が、「裁縫が出来ないのに呆けた心で、生地ばかり見ている自分」を「不思議」とするに至る。[15]

「生地ばかり見ている自分」を想定外とする結果を、「神宮親謁の儀」の視聴はもたらしている。しかもその結果は、「裁縫も出来ない」からそれを「見る」資格はないという因果関係のうちに置かれることで、「ただ生地が好きなだけ」という嗜好を「私」に忘れさせている。どういうことか。

「私」は「神宮親謁の儀」の空疎さに気づき、それを伊勢の住民としての立場からは告発しないことで、本来の儀式のあるべき姿を示すことのできる、そのような正統性を言挙げない慎重さをみせながらも、その空疎さが「イギリスのテレビ」の格好の餌食になるという懸念を思うとき、「平安時代」の儀式や装具、そして衣裳を思う「日本」の側に立たざるを得なくなる。「西洋の靴」や「私」の持つ「運動靴」のようにしか「皇族」の「靴」を見せず、「十二単衣の生地の感じ」を伝えない「テレビ」の美的限界として、その懸念の原因が見出され、それによって、国民化をはかるメディア批判が成されているようにもみえる。だが、引用文末尾に導かれているのは、「見ている自分」を「不思議」と思う「私」

である。すなわち、当の「私」がどうしてそれを見ているのか、という根源的な問いへの回路である。「伊勢」の者として本来の儀式のあるべき姿を対置して、「神宮親謁の儀」の虚構性を告発することは避けても、それを誤って「イギリスのテレビ」が報道するかもしれない、という他者のありようを認識したとき、その他者に規定されて否応なく「日本」の側に立たされることになる「私」は、「日本」に属す者とされることをも斥けようとして、「テレビ」がみせる映像への違和感を募らせ、それを誰として見ているのかという問いへの答えを出せなくなってしまう。「生地ばかり見ている自分」を「不思議」とすることは、「自分はただ生地が好きなだけ」という個人的嗜好に依拠することによってさえも、その儀式の視聴を正当化する理路も「私」が喪失することである。

「普通さを徹底」して「見尽くす」ことは、本作前半で示されていたように、「私」の「なにもかもを肯定する」」、「密室」からの救済の回路の求めに応じることだったはずだ。本稿では、その救済の回路を抽出することを通して、「コクミン」としての「生々しい感触」との葛藤がいかに調停されるのかを明らかにしようとした。この検証で明らかにしたことは如上の通り、そのことの不可能性にこそ逢着する「私」である。この不可能性が指し示すことは次のようなことだろう。すなわち、それは「見る」ことも「見ない」こともできるという選択の自由において、「皇室行事」の無意味さを述べたり、スペクタクル的に消費する立場もあるのだとしたりするシニシズム、そのように、統治の装置としての「国家行事」を支えるシニシズムに巻き込まれて抗う言葉の終わりのなさである。

このことは、メディア・イベントが無意味であること、「天皇」なる存在が空虚であることを語り、統合装置に捕らえられて得意気に天皇を消費した言説への強い批判力を物語るだろう。本作において、「文芸誌を部分的に読む読者でさえ三百人しかいない」と「東京新聞文芸欄に書い」た者のことが記述されているが、その「評論家」である大塚英志の天皇論[16]は記憶に新しい。大塚は、過熱した天皇報道によって、天皇制について思考することを人々から失わせたメディアを婉曲的に批判しつつ、その批判の立場を次のようなところに置いた。「ある一つの聖老人のイメージ」を「過剰なまでに愛する人々と、過剰なまでに否定する人々」がいる一方で、「それ以外の人は全く無関心である」。「要するに聖老人に対しプラスにせよマイナスにせよ強い感情を持つ人たちと、そうでない人たちの二種類が」いる。[17]この「そうでない人たち」の「冷静」さは、たとえば笠井潔が述べるように、「戦後世代の感性では、天皇がほとんど無である」とする「シニカルとしかいいようのない深度」の「戦後世代の感性[18]」と通底するものだろう。「戦後世代」や、「強い感情」を持つわけではない人びとを見出せる者は、「象徴天皇という戦後エンペラーの像は、依然として曖昧であり現実的にはほとんど無でしかない[19]」と言うこともできる。それは、「無」でしかない天皇の代替わりのメディア・イベントに「冷静」に「無関心」でいられる人びとの健全さ、というイメージに依存する。

本稿で検討した笙野頼子の「なにもしてない」の「私」は、この文脈で言えば不健全である。そして、その不健全さは、空虚な天皇に無関心であることができる者の立場を照らし出すものであり、当然のことながら、「冷静」さと「無関心」を多いに活用する統治のノイズとなる。本作の「私」において、「皇室関係」のテレビ番組を見ることで救われかけること、その救いの正当化の筋道に、見ることの趣味への還元を置きつつも、還元しきれない余剰が刻印されること。本作は、自らを国民ではなく「コクミン」として留保しつつ「国家行事」を見ることへの違和に拘泥することによって、「国家行事」を正しく「冷静」に消費する消費者として、国民を還元的に指し示す話法の愚かしさをあぶりだすのである。

（1）初出：「なにもしてない」（『群像』一九九一年五月号）／単行本：『なにもしてない』（講談社、一九九一年九月）／文庫：『なにもしてない』（講談社文庫、一九九五年一一月）、『笙野頼子　三冠小説集』（河出文庫、二〇〇七年一月）　本稿の引用は単行本に拠る。なお初出本文と単行本本文に異同はない。が、文庫には単行本本文に大幅な加筆修正が行われたものが収められている。

（2）「第13回野間文芸新人賞発表―笙野頼子「なにもしてない」」（『群像』一九九二年一月号）

（3）山下範久「ポスト冷戦と9・11のあいだ」（『戦後日本スタディーズ③80・90年代』（紀伊國屋書店、二〇〇八年）の「一九八九年の時点で、日本はバブル経済の爛熟期にあり、対外的な最大の懸案は日米貿易摩擦であった」（五一頁）。

（4）原宏之『バブル文化論〈ポスト戦後〉としての一九八〇年代』（慶應義塾出版会、二〇〇六年）参照。

（5）「天皇陛下即位の礼　お言葉「憲法を遵守」　２５００人が参列」（『朝日新聞』一九九〇年一一月一二日夕刊）には、次のようにある。「天皇の即位を内外に宣言して祝う「即位礼正殿《せいでん》の儀《ぎ》」が、12日午後1時から皇居・宮殿で行われた。［…］一連の即位儀礼の中心行事であるこの儀式は国事行為として行われ、158カ国と国連、欧州共同体の海外代表約500人を含む約２５００人が参列した。１９２８（昭和3）年の昭和の即位礼を規模で上回る盛大さの半面、テロを警戒して正殿の儀の国内参列者名が伏せられ、都心部に前例のない厳戒態勢がとられる中で、この朝、ＪＲ駅や地下鉄、自衛隊基地、神社などを狙った過激派によるとみられるゲリラ事件が次々に起こった。」また、「海部首相の「寿詞」は、即位への慶賀に始まり、天皇陛下を象徴と仰ぐとともに「世界に開かれ、活力に満ち、文化の薫り豊かな日本の建設」と「世界の平和、人類福祉の増進」に努力することを誓」ったとある。また、「即位の礼を迎えて（社説）」（『朝日新聞』一九九〇年一一月一二日朝刊）は、「〇国際社会の祝福と責任」という小見出しで「この式典に160の国・国際機関の代表が参列する。たいへんな数である。国際社会で、かりに日本が独善的で頼りにならない国だったらどうだろう。また、［…］いくらわが国が経済協力大国であってもおそらく、こんなさかんな祝福は期待できなかっただろう。国際社会での責任の大きさを自覚しつつ、世界中から寄せられた祝福を率直に喜びたい。」とあり、「経済協力大国」として、「国際社会での責任」を担う「日本」の「天皇」の言葉の「普遍的価値」を賞揚する。

（6）山下前掲論は「ポスト冷戦」の問題意識として、一九八九年の日本では「「歴史の終わり」が説得力を持ち、識者たちは超大国のヘゲモニー秩序から相互依存と多国間の国際的協調の秩序（パックス・コンソーシアム）への転換を説いた。そして、そのなかで経済大国としての日本が果たしうる／果たすべき役割はなにかというのが、この段階でのグランド・クエスチョンであった。グローバリゼーションという言葉はまだ現われていない」（五一頁）とし、また、一九九〇年八月のイラクのクウェート侵攻から一九九一年に勃発した「湾岸戦争時のムード」として、「カネは出すが汗も血も流さない」というアメリカからの批判を受けて「日本も後方支援と資金提供を求められ」たが、「この段階では、日本だけではなくもっと国際的な認識として、グローバル化がたとえ一方で地域的な秩序の不安定化をもたらすとしても、他方で国際社会は人権や平和、民主主義といった普遍的価値に関して基本的な合意の上に立って協同して行動しうるし、すべきであるというムードがあ」り（五三頁）、このムードが一九九一年のいわゆる「国際貢献」言説に正統性を与え、ＰＫＯ改革と「自衛隊派遣」の背景には「経済大国としての国際的役割を模索する志向」と「国連を中心とした新たな国際主義に一定の現実味があった」（同頁）と述べる。

（7）笙野頼子「今している事―『居場所もなかった』」（『毎日新聞』一九九一年一二月六日、引用は笙野頼子『言葉の冒険、脳内の戦い』日本文芸社、一九九五年による。)
(8) 笙野頼子「十年目の本」(『本』一九九一年一〇月、引用元は注7に同じ。)
(9) 清水良典「『なにもしてない』」(『笙野頼子　虚空の戦士』河出書房新社、二〇〇二年)
(10) 中川成美「居場所のゆくえ―笙野頼子のノマディズム―」(『日本文学』(四六)一九九七年一一月号)
(11) 注8に同じ。
(12) 高橋源一郎、増田みず子、井口時男「創作合評」(『群像』一九九一年六月号)ちなみに、高橋源一郎は「「私」の思考とかモノローグとか感覚にぴったり密着してカメラで撮影するように書いていったら、こうなっちゃう」のであり、これこそ「私小説」であると肯定するが、井口時男は「一種の関係妄想を引きずったまま」の「私」において、「天皇家の行事との何かわからぬ関係妄想」には「家族との関係妄想も入り込んでくるし、とまりようがない」ことそのものに苦言を述べる。
(13) 渡部直己「これは時評ではない」(『すばる』一九九一年六月号。引用は『〈電通〉文学にまみれて　チャート式小説技術批評』太田出版、一九九二年による。)
(14) 酒井直樹『死産される日本語・日本人』(新曜社、一九九六年)
(15) 「天皇、皇后両陛下が伊勢神宮で親謁の儀」(『朝日新聞』夕刊、一九九〇年一一月二七日)には、当日に行われた「神宮に親謁の儀」で「両陛下が馬車を使われるのは、1959年のご成婚以来。当時パレードに使った馬車に、今回、天皇陛下が乗られた」とある。
(16) 大塚英志「ただの一日としての〈Xデー〉」(『読書人』一九八九年二月一三日)
(17) 大塚英志「少女たちの「かわいい」天皇」(『中央公論』一九八八年一二月号)
(18) 笠井潔「天皇の観念的威力」(『文學界』一九八九年四月号「〈評論特集〉「平成思潮」へのテイクオフ」)
(19) 注18に同じ。

第6章　失われた「戦後」をたどり直す
——オキナワとフクシマからの問い

朱　恵足

目取真俊『眼の奥の森』〔新装版〕影書房、二〇一七年。

文学は、歴史の中で忘れられる声、語られない声に声を与える力をもつ。そして時に、「沈黙の声」という形でそれを提示することもできる。ここでは歴史に抗する文学にあらわれるそのような沈黙の声の所在を、文学研究におけるトラウマ概念を援用して読み解き、明らかにしたい。

一九九一年にバブル経済が崩壊し、日本は「失われた二〇年」と呼ばれる経済衰退の時代に入った。二〇一一年三月一一日に起きた東日本大震災と福島第一原子力発電所事故によって、日本はすでに「失われた三〇年」に入ったという見方も示された。「失われた」という言い方は、戦後の高度経済成長期は日本の黄金時代であり、その終結が国家や国民にとって大きな損失や喪失になったという認識を前提とする。しかし、一見平和で豊かな日本の戦後は、アメリカによる原爆投下と占領で始まり、日米安保と原子力エネルギーに支えられて成り立っていた、という矛盾を思い出す必要がある。

武藤一羊が指摘したように、戦後日本国家は、憲法平和主義と民主主義を掲げながらアメリカの世界的覇権に組みこまれる形で、戦前の帝国主義・軍国主義を継承してきた[1]。戦後、アメリカは原爆投下の責任を回避するために、日本帝国の最高指導者である天皇と軍中枢部の戦争責任を追及せず、責任の相殺を図った。そのような日米のトランス戦争暴力（transwar violence）[2]によって始まった冷戦体制の下で、アイゼンハワー大統領が「核の平和利用（Atom for peace）」というスローガンを掲げて、原子力のイメージを塗り替える作業を始めた。

一九五〇年代の半ばに、公職追放が解除された戦犯容疑者や軍人出身の政治家は再軍備を主張し、軍事転用の目的で原子力利用を国策として推進し始めた。六〇年代から七〇年代にかけて、高速増殖炉や核燃料再処理によって軍事用プルトニウムを製造し、核武装の潜在力を高めるために、原発開発が本格化した。それに警戒したアメリカと交渉した佐藤栄作首相は、「非核三原則」とNPT（核不拡散条約）加入で核武装しないことを保証し、それと引き換えに小笠原、沖縄の返還を求めた。

六九年に、日米首脳会談で「核抜き、本土並みでの沖縄返還」が発表されたが、同時に日米間に「核密約」が交わされ、緊急時にアメリカが核兵器を持ちこむことや沖縄を通過することが容認された(3)。それと同時に、自民党政権は、米軍基地を沖縄に集中させ、日米安保の問題を日本本土から消し去り、原子力がクリーンで安全で安いエネルギーであると多数派市民に信じさせ、軍事転用の目的を隠蔽した。この二つの隠蔽を通して、日米安保という「核の傘」、沖縄の米軍基地、原子力を中心とする、戦後日本の「国家安全保障」の骨組みが確立された(4)。

その意味で、沖縄の米軍基地問題と福島の原発事故は、戦後日本の矛盾に満ちた成り立ち方を明るみに出す事件なのである。本稿は、沖縄の米軍基地と福島の原子力発電所事故をそれぞれテーマにする目取真俊『眼の奥の森』（二〇〇九）と津島祐子『ヤマネコ・ドーム』（二〇一三）を対位法的に読み解き、二人の作家がいかにして文学的な想像力を駆使して、日本の「戦後」を問題化するのかを分析する。

二つの小説はそれぞれ、九・一一（アメリカ同時多発テロ事件）と三・一一（福島第一原発事故）の後に書かれたものであるが、戦争末期および戦後初期のアメリカ軍占領に関連する事件が、トラウマになって半世紀にわたって登場人物に付きまとう、という共通の構図を持つ。

本稿は、二つの小説がトラウマの再演性をもって封印された沖縄戦と原爆の記憶を繰り返し現前させ、

「平和」「安全」「民主主義」などの表面の下に隠されたアメリカ軍国主義の暴力や、それに従属し加担してきた日本の共犯性をどのように批判するのかを分析する。そして、第二次世界大戦と戦後との間、沖縄と日本本土との間、そして原爆と原発との間にある連続性を可視化することが、過去の歴史的負債に向き合い、「ラディカルな未来志向の記憶(5)」を構築していく作業にどう繋がっていくのかを考えたい。

1 終わらない沖縄戦――目取真俊『眼の奥の森』

一九四五年四月、アメリカ軍は沖縄に上陸し、三ヶ月にわたって日本軍と激しい戦闘を繰り広げた。アメリカ軍は、上陸した直後に軍政府を設立し、本土攻撃にむける軍事基地の建設を始めた。戦後、アメリカ民政府が主導する群島政府や琉球政府は沖縄を統治し、極東最大の普天間基地を作った。

一九七二年に沖縄が日本に返還されたが、その後も米軍基地が日米安保条約に基づいて沖縄に居座り続ける。土地占用、環境破壊、騒音、演習による事故のほか、治外法権によって米兵が殺人、レイプ、ひき逃げなどの犯罪行為を起しても、日本の警察に引き渡されないため、住民の人権が著しく侵害されてきた。一九九五年に小学四年生の少女が三人の米海兵隊員にレイプされた事件で、激しい抗議行動が起こった。

目取真俊『眼の奥の森』は、沖縄戦の時、北部にある離島の海辺で、若い米兵四人によって小夜子という十七歳の少女が輪姦されるという事件を中心に物語が展開する。

その翌日、犯行した米兵たちはライフル銃を持って再び部落を襲い、地元の男性の前で二人の女性に暴行した。少し知的障害があり小夜子に思いを寄せていた盛治という少年は、銛一本で米兵に立ち向かい、一人の米兵を負傷させる。その後、盛治は、隠れていた洞窟で米兵に投げ込まれたガス弾によって失明した。小夜子は発狂し、閉じこめられた裏座敷から時々飛び出し、胸をはだけて大声で叫びながら、森の方に走っていく。そのうちに小夜子は村の青年たちにも輪姦され妊娠したが、生まれた子供は産後一ヶ月で父に強引に引き取られ里子に出された。

二〇〇九年に出版されたこの小説は、[6]六十年が経った時点で、当事者や関係者たちが小夜子の事件の経緯とその後を回想する複数の語りで織り成される——語り手は盛治、負傷した米兵のほか、盛治が隠匿した場所を米軍に密告した区長、事件の現場に居合わせた小学校四年生の久子（沖縄南部からの疎開者）、フミ（島の子供）、小夜子の妹タミコ、そして盛治の取調べで通訳をつとめた沖縄系二世の米兵などである。また、直接的な関係者ではないが、タミコにより沖縄戦や小夜子のことを聞いた中学生の女の子や、負傷した米兵の孫と知り合いになった東京のMという男性の語りも出てくる。

小説で語られる小夜子の暴行事件は、沖縄戦の当時やその直後に米兵による犯罪が頻繁に起こった実際の歴史に基づいているが、[7]沖縄戦で上陸したアメリカ軍の占領で始まった沖縄の「戦後」を象徴している。

冒頭の章の前半は久子の視点に沿って暴行事件を描き、後半は洞窟に隠れる盛治の身体感覚、夢や思いを交錯させながら、彼が一人で米兵に立ち向かうようになったプロセスを辿る。戦争が始まる前に、久子は学校で教師から米兵について恐ろしい話を聞かされ、捕虜になるよりは自分で命を絶った方がましだと教え込まれた。盛治は、日本軍に尽くし、天皇のためにアメリカ軍と戦って死ぬことを決意したほどの皇国少年だった。彼はほかの防衛隊員と浜沿いの塹壕に身を隠し、渡された二つの手榴弾を使って上陸する米兵に自殺攻撃を命令されたが、アメリカ軍の艦砲射撃で意識をなくした。

久子や盛治の戦争体験に例示されるように、日本の敗戦が予想されるなか、日本軍は天皇制を護る「国体護持」のために沖縄を捨石にし、住民を犠牲にした。安仁屋政昭が指摘したように、沖縄守備軍の任務は住民を守ることではなく、持久戦による出血消耗によってアメリカ軍の本土進攻をくいとめ、本土決戦準備や終戦交渉の時間を稼ぐことであった(8)。一九四四年の年末に最精鋭部隊の第九師団が台湾に移転した後、十七歳から四五歳までの男性住民を防衛隊として、十四歳から十六歳の男子生徒を鉄血勤皇隊として組織し、根こそぎ動員した(9)。また、捕虜になった住民によって日本軍に関する情報が漏れることを防ぐために、米兵に対する恐怖心を植え付け、投降せずに自害することを徹底指導した。

だが小説でも語られるように、収容所では、アメリカ軍は降伏した日本軍と住民に食糧を与え、怪我をした者に医療を施しさえしたので、むしろ救助者のように見えてくるのだった。盛治さえも、米兵に救助され、一ヶ月以上も傷の治療を受けたうちに、命を助けてくれた米兵に感謝するようになった。日本軍との戦闘が短期間で終わり、まだ南部の方で戦闘が続いていたが、住民たちは収容所から部落に帰還し、一見、戦後に入ったように見えた。だが、まもなく起きた小夜子の事件で、米兵の加害性が明るみにされ、戦争がまだ終わっていないことを思い知らされる。

毎日のように暴行事件の現場だった海岸の堤防に座り込む盛治の語りは、アメリカによる沖縄の軍事占領の暴力に戦後日本国家が加担したメカニズムを浮き彫りにする。六十年前の取調べの場面では、米軍将校の尋問を通訳する沖縄系二世の米兵の声と交錯し、二人の島の青年の声が響いている。二人は、盛治が艦砲で負傷しアメリカ軍の軍医に救助されたことや、米兵を攻撃し米軍将校に尋問されたことなどをずっと見てきたというので、「鉄血勤皇隊」として動員され死んだ者だと思われる。

「ショウジキニコタエレバ、アメリカハ、ミンシュシュギノクニデス、ヒツヨウナバツハアタエテモ、ソレイジョウノキガイハ、アナタニクワエマセン……、民主主義と言われても、学校に行ったこともない薄馬鹿《とっとろー》のお前に意味がわかるはずもないのになー」（一〇六頁）

このように、二人はウチナーグチが交ざる日本語で米軍将校の言葉を伝え、アメリカ軍に一人で立ち向かった盛治を馬鹿にしつづける。この場面は、戦後日本国家が、沖縄戦の時に国体護持のために捨石にされた沖縄をもう一度切り捨てることで、形式的な主権回復を遂げた歴史的経緯を表現する。

一九四七年、アメリカが沖縄を軍事占領し続けることを天皇が希望しているという「天皇メッセージ」がＧＨＱに伝えられた[10]。それに基づいて、一九五一年のサンフランシスコ講和協議で、日本が主権回復するとともに、沖縄はアメリカによる占領統治のもとに置かれ、日本が潜在主権を保つことが決議された。小説のなかで日本語に翻訳され、カタカナで表記される米軍将校の声は、民主主義のレトリックで沖縄への軍事占領を美化するアメリカの偽善ぶりを連想させる。それを復唱する鉄血勤皇隊員の声は、戦後日本国家が、アメリカに従属する上でその沖縄占領を継続させ、沖縄戦での敗北の屈辱と自国の兵士や住民を犠牲にした責任を抹消しようとするメカニズムを描き出す。

　複数の声が入り混じる盛治の語りはさらに、部落の青年たちが小夜子に暴行し、彼女をもっと苦しめたことを以下のように痛々しく回想する。

「アメリカハ、オキナワニ、ジユウト、ヘイワヲ、アタエマス……、苦しかったか《くちさたんなー》？　小夜子……、顔を歪めて、口を大きく開けて、涙を流しながら、走っているわけ……、痛かったか《やみたんな》、小夜子……、血で股の内側が汚れていたさ……、丸裸になってアサギの前の道を走って行ったって……、何で森に向っていたのかね……、ここに来い《くまにくーば》、この洞窟に隠れよ《くぬがまにかんくれー》、小夜子、……、乳房《ちーぶく》を出して、あそこも見せて……ここに来い《くまにくーば》、我《わん》が所に来い《くーば》、小夜子……」（二一〇頁―二一一頁）。

　失明した盛治は、隣近所の人の話を通して、小夜子が自らを傷つけ、裸になって森に向って走っていくことや、部落の男たちに洞窟に誘い出され、輪姦されたことを聞いて心を痛めた。地元の青年たちは、アメリカの暴力を前に無力だった自分たちの屈辱を、被害者にさらなる差別や暴力を与えることで晴らそうとしたのである。

　このような設定はさらに、一九七二年に沖縄が念願の祖国復帰を実現したものの、日本は沖縄を米軍基地の圧迫から解放するどころか、日本本土の米軍基地を沖縄に集中させて、さらなる暴力を加えたことを象徴する。佐藤政権は、日本本土の反安保・反ベトナム戦争の社会運動など国家権力と既成社会秩序に対する抵抗への対応に迫られ、「沖縄の復帰なしに日本の戦後は終わらない」としてアメリカと交渉し、一九七二年に沖縄の施政権返還を実現した。[11] だが、前述したように、実際には核密約でアメリカの沖縄への核兵器の持ちこみを容認した。一九五四年の台湾海峡危機の際に、アメリカは初めて核兵器を沖縄に持ち込み、それ以来沖縄を核戦略基地として利用してきた。すでにアメリカに「侵犯」された沖縄にアメリカの核軍事基地を集中させ、日本の「戦後」が終わったという印象をねつ造した。さらに、日本政府は、基地を受け入れる見返りに、経済振興策を沖縄に注ぎ込み、一九七八年から主動的に地代や人件費など米軍基地の支出を肩代わりする「思いやり予算」を提供し、沖縄における米軍基地の維持や定着に力を貸した。

さて、妹タミコの回想を通して、父が家族に向けて鬱憤を晴らす様子が描かれている。父の怒りに怯えながら暮らした日々のなか、父が姉を見るときの「怒りや嫌悪、蔑み、憎しみ、あらゆる負の感情が込められたような冷たい眼差し」が一番嫌だった、とタミコは語る（一九五頁）。今は、何の抵抗も抗議もできない自分自身に対する父の怒りとやりきれなさだと理解できるようになったが、それを赦せはしないと述べる。

基地経済と振興策による公共工事に依存する沖縄は、日本全国でもっとも失業率が高い場所であり、基地周辺のスナックや風俗業で働いて家庭を支える女性が多かった。ベトナム戦争の期間に、米軍の暴力が激化し、強盗、ホステス強姦殺人などの犯罪事件が多発し、一九六七年にピークに達した。[12] 女性たちはまた、沖縄の男性たちのアルコール中毒やドメスティック・バイオレンスなどにさらされ、重層的に暴力を受けてきた。小夜子の父の怒りや冷たい眼差しは、日本とアメリカの不平等な共犯関係によって去勢された地元の家父長制がそれに加担する形で、人種、階級、性の差別が相互に増幅し合う沖縄の状況を象徴する。

小説のなかで、久子は、発狂した小夜子が走りまわる場面が頻繁に夢に出るようになり、当時の同級生フミと連絡を取り、六十年ぶりに島を訪ねる。バスで沖縄の北部に向う途中、金網に隔てられた米軍基地の芝生が目に入った。その芝生の下に、弾薬が隠されているだけではなく、「その土地に生きていた人達の歴史や土地を追われた苦しみや悲しみの記憶が、何層も埋もれている」（六六頁）ことを想像する。米兵の姿をみるだけで、彼女は、忘却しようと努めてきた暴行の事件の現場に一気に連れ戻されるようになった。島で、久子はフミとともに、盛治が隠れた洞窟や盛治、小夜子の家の跡を見回り、当時の記憶を取り戻しつつあるが、事件の現場だった砂浜に着いたら、砂浜やアダンの茂みは、振興策によるコンクリート護岸の堤防になって姿を消している。米軍基地の芝生やコンクリート護岸は、アメリカ帝国主義と日本国家や地域社会の癒着構造によって、沖縄戦の記憶が封じこめられ、アメリカ軍による占領と暴力が継続されてきたことが示されていると言える。

また、妹のタミコの沖縄戦体験を最前列で聞いた女の子は、同級生からのイジメに苦しんでいた。小夜子の姿を想像し、それにいつも怯えている自分の姿を重ねる。イジメにおいては、表面的には友好を装いながら、弱者に陰湿で集団的な暴力を加えることがある。「平和」教育が行われる現場に起きているイジメは、学校のすぐ外に米軍基地が広がる現実を反映し、「親善」や「平和」のレトリックで沖縄に米軍基地を押し付け、日本がアメリカの軍事植民地となった事実を隠蔽した「日米安保」の暴力の比喩となっている。

ここまで見てきたように、『眼の奥の森』では当事者や関係者の様々な視点を通して、六十年前の小夜子の暴行事件をめぐる記憶が語られる。だが、事件の被害者である小夜子の語りだけが欠如している。小夜子が発する泣き声や叫び声は語りにならず、物語の真ん中にアポリアを作り出す。そのかわりに、彼女のトラウマは、複数の関係者の語りによって、身体表現として小説のなかに現前する。

もっとも強烈な形でそれを表現するのが、小説の最後に出てくる沖縄系二世の通訳兵の語りである。彼は、自分に沖縄戦の聞き取り調査をしてきた男性から、沖縄県が沖縄戦でウチナーグチの放送で住民を救った沖縄系二世アメリカ兵を表彰する対象者として推薦したい、という連絡を受けた。彼はその推薦を断る手紙のなかで、盛治が米兵を攻撃した理由が明らかにされた後、彼が米兵少尉とともに事情聴取をするために小夜子の家に行った時、自分たちの姿を見た彼女の様子を以下のように回想した。

何度も悲鳴を上げ、首筋や肩、胸などを掻きむしりました。着物がはだけ、胸が露わになると、その胸に爪を立て、斜めに走る赤い線から血が広がっていきました。帯がほどけて着物が下に落ち、少女は陰毛を掻きむしるようにして両手で性器を傷つけ、私たちを見たまま悲鳴を上げ続けました。

そして、体を反転させると、門の外に走っていったのです。(二一三頁)

読者は、小説の最後の数ページに出てくるこのエピソードを知ることで、小夜子が狂乱した姿で家を飛び出して村で走り回るようになったのが、この出来事に刺激されたからだと、はじめてわかる。彼女に暴行を加えた米兵たちは翌日、部落の家を荒らし回り、土足で民家に上がりこんでさらに二人の女性を輪姦した。その時の騒ぎや女性の悲鳴を耳にした小夜子は、新たなトラウマを植えつけられ、事情聴取をするために部屋にやってきた沖縄系二世米兵とアメリカ人少尉が自分に襲いかかると思ったのである。

悲鳴を上げながら自らの身体に傷つけ、レイプ事件を再演する小夜子の行為は、フロイトが指摘したトラウマ神経症の反復強迫を思わせる。キャシー・カルースは、フロイトの説に基づいて、トラウマを物語、記憶や歴史の問題に関連付けながら、先駆的な理論を提出する。彼女によれば、フロイトは『快感原則の彼岸』のなかで、戦争生存者が生々しい悪夢にうなされつづけたり、痛ましい出来事を体験した人がその事件を何度も再演したりする不可解な現象に注目し、十六世紀のイタリアの叙事詩人トルクァト・タッソの『エルサレム』に登場するタンクレーディとクロリンダの物語[13]を引き合いに出しながら、トラウマ神経症の反復強迫(repetition compulsion)を指摘した。

それをふまえ、カルースはトラウマを以下のように定義する。トラウマは、「突然の破壊的出来事を経験して圧倒された状況を指す」もので、当事者が幻覚やその他の現象を通して、「その出来事を意図せぬかたちで再演するとき立ち現われる。そして、体験者はその出来事から離脱できなくなるのである」[14]。カルースはまた、騎士タンクレーディに二度に及ぶ被害を訴えるクロリンダの傷の声（the voice of the wound）に注目し、トラウマは、「それによってでしか知られることができない、ある現実や真実をわれわれに伝えようとした傷の物語」であると指摘した。

だが、カルースの解読は、クロリンダを騎士タンクレーディの内なる他者として見なし、二人の間にある加害・被害関係を混同させた。フロイトの著作を参照すれば、彼が一旦トラウマ神経症の話から逸れて、個人が幼児期の性的本能に支配され、大人になっても無意識的に不快な経験を反復させる、という人間の「宿命」を表現するために、騎士タンクレーディの話を引き合いに出したことがわかる。フロイトはその後、トラウマ神経症の話に戻り、それを戦争神経症と区別し、電車の衝突など、平和時に起った、機械的な性質をもつ激しい衝撃によるものだと定義する。予想していなかった危険に襲われ、それに対応する準備が出来ていなかったため、トラウマ神経症が発生した。それは、「ショック・ドリーム」に例示されるように、当事者を何回もその破壊的な出来事の現場に連れ戻し、それに対する懸念を発展させ、刺激のコントロールを取り戻そうとする心理の防御機制なのである[15]。

小夜子の行動は、レイプという破壊的な出来事を再演し、刺激のコントロールを取り戻し、その衝撃から自分を守ろうとするトラウマ神経症を表している。度重なる米軍の暴力に刺激されて、小夜子は、夜の悪夢に表現されるような反復強迫を、昼間の現実において実際に行うようになったのである。また、自分を傷つけて森へ走り、洞窟に隠れる小夜子の行動は、レイプの事件が、戦前が始まる前に植えつけられた米兵への恐怖を甦らせ、彼女を沖縄戦の現場に連れ戻したことを示す。米兵に捕まるより自害した方がましだと教えこまれ、洞窟で避難する際に日本軍が中国人を虐殺した話を聞いて、集団自決した人々の姿をも彷彿とさせる。

そして、反復強迫の防衛機制を働かせ、輪姦事件を何回も再演する小夜子の姿をめぐる記憶は、登場人物の語りを通して、何回も小説に描かれている。一九九五年に起きた小学生レイプ事件のこともたびたび言及され、「沖縄は何も変わっていない」と複数の登場人物に語らせている。小夜子のトラウマをめぐる表象は、封印された沖縄戦の記憶を執拗に現前させる。そして米軍基地が居座り、治外法権を享受する米兵が犯罪や暴力を繰り返し行ってきた沖縄においては、沖縄戦が未だに終わっていないことを示しているのである。事件の直後に家で忍び泣く小夜子の声は、「傷口から流れ続ける血の声」として描かれる（二七頁）。小夜子のトラウマ表現は、意図せずに加害行為を再演した騎士タンクレーディの反復強迫というより、騎士の名誉と武勇の名の下で行われた彼の度重なる暴力で、死後の魂が再び傷つけられた被害者クロリンダの「傷の声」の物語なのである。

一方、負傷した米兵のその後の人生は、アメリカは沖縄の米軍基地を拠点にして、アジア、中東へ侵略戦争や占領の暴力を繰り返し行ってきたことを暗示している。この米兵は、最初に犯行を止めようとしたが、仲間はずれにされるのを恐れて、見せかけの動きをした。だが、彼は後ろを振り向いて、小夜子が見つめていた「血の塊のよう」な「真っ赤に熟れた実」を見た瞬間、「残忍な気持ちが体の奥から全身に広が」り、小夜子に暴力を加える（一四七頁）。島に上陸した時から、米兵の目には黄色いアダンの実が、夕日のような赤い色のように見え、「毒々しい色が自分を狙っている巨大な蛇の目に見えた」（二四一頁）。戦争神経症によって、アダンの実が日の丸を連想させ、戦闘する残忍な気持ちを起こさせ、小夜子に暴行したのである。

夢の中で、その赤い実は簡易ベッドの真上の梁にぶら下がり、そこから焼けた鉄の切っ先が弾け飛び出して脇腹をえぐり、リアルな痛みを与えこの米兵を目覚めさせた。一緒に犯行に加わった仲間たちの一人が、盛治が彼を刺した銛の切っ先でペンダントを作り、南部の戦場に出る前に、それを彼に渡した。ペンダントの銛を手のひらに握ったまま、負傷した米兵はまた赤い実の夢を見た。赤いスズメバチに覆われた果実から、一匹のハチが落ちて垂直に飛んできた。それが彼の胸に当たると、血になって体に広がり、彼をベッドに縛りつけた。いつの間にかドロドロした血の塊になった赤い実が天井から離れて、米兵の胸の上に落ちると、へその緒が付いた赤ん坊になった。彼の足元に立っていた小夜子がその赤ん坊を胸に抱いて何かささやいた。二人の姿が消えた後でも、「そのか細い泣き声とささやき声が俺の中から消えることはなかった」と言って、この米兵は語りを結ぶ（一五八頁）。

米兵のショック・ドリームは、彼を不意な攻撃の現場に連れ戻すとともに、沖縄の若者が自分たちを攻撃した理由を思い知らせる。赤い実から落ちてくる一匹のスズメバチに象徴されるように、彼は最初、盛治が日本軍の示唆をうけて自殺攻撃をする特攻隊のような者だと思った。だが、そのハチが血になり、また赤ん坊になることによって、盛治が自分たちの犯した暴行に抗議しているということを悟った。仲間たちと共に犯したレイプの暴力は、軍法会議にかけて処罰されるべきだったが、少尉の指示で内密に処理された。だが、赤い果実の夢は、この米兵の身体に物理的な作用を及ぼすほど、生々しさや圧迫感を持って彼に付きまとうようになった。南部の戦場に送られず本国に送還された彼は、幸運にも生き残ったが、戦後はアルコールに溺れ、運転していた車が崖から転落するという事故で五十代で亡くなった。それは、米兵がその後も赤い果実の悪夢や小夜子と赤ん坊の声にうなされ、外傷後ストレス障害(post-traumatic stress disorder)を負った結果だとほのめかされる。

戦後、米兵の息子や孫は、そのペンダントをお守りとして受け継いできた。彼の息子は志願して海兵隊に入り、ベトナム戦争に出征した。孫のJは九・一一に巻きこまれて亡くなった。Jが亡くなった後、そのペンダントが東京在住のMを通して、沖縄に住む女性の手元に届く。封筒から出されたペンダントの銛の切っ先は、「生き物の体から取り出されたばかりの内臓のように濡れて光り、生々しい」血のにおいを放っている(一四〇頁)。

沖縄戦で、アメリカ軍は一万二千人の戦没者と三万八千人の負傷者を出したが、生還した兵士にも、トラウマなど心理的な後遺症を残した[16]。戦後、沖縄を占領したアメリカ軍は、そこに建設された基地に戦没した兵士の名前を付し、その死を英雄化した。負傷した米兵の家族の歴史に象徴されるように、アメリカは戦後、沖縄の基地を拠点に、正義や人道主義などの大義名分で、朝鮮戦争、ベトナム戦争、湾岸戦争、イラク戦争など、アジア、中東の国々を対象に侵略戦争を行ってきて、その結果九・一一のような事件を招いた。小説のなかで、盛治が米兵を襲った銛が六〇年を経っても、事件当時のように生々しい血のにおいがするのは、沖縄の米軍基地を拠点に行われてきたアメリカの侵略戦争で流れたおびただしい血が塗り重ねられているからである。

2　繰り返される原爆投下——津島祐子『ヤマネコ・ドーム』

沖縄の米軍基地は、アメリカがアジア、中東の国々へ侵略する「熱い戦争」の出撃基地であった。また一九五四年の台湾海峡危機の際に核兵器が持ちこまれたのをはじめ、アメリカの核戦略基地としても重要な役割を果たしてきた。ベトナム戦争のピークにも、核兵器が持ちこまれ、伊江島で核兵器の投下実験が行われた。湾岸戦争に使った劣化ウラン弾の半分は、嘉手納基地に貯蔵されたものであった。[17]一方、日本本土では、「非核三原則」や核密約付きの沖縄返還を通して、原爆の記憶によって核兵器を拒絶する国民の目から日米安保による「核の傘」を隠蔽すると同時に、軍事転用目的の原発政策を推進してきた。七〇年代から自民党政権が原子力三法を通して、地方の自治体が原発を受け入れ、それに依存するようにしむけた結果、地震と津波が多発する日本列島で五四基もの原発が作られた。

その意味では、二〇一一年に起こった福島原発事故は、原爆の記憶、原子力利用と核兵器の密接した関係、原子力村、原発立地の内国植民地化など、密接に絡み合った軍国主義、差別構造、利権を浮上させ、日本の「戦後」において隠蔽された様々な暗黒部を暴いた出来事となった。

福島原発事故に触発されて書かれた津島祐子の『ヤマネコ・ドーム』[18]は、戦後、ある施設に収容された占領軍の米兵と日本人女性とのあいだに生まれた混血の孤児やその施設の近くに住む日本人母子家庭の子供たちをめぐる物語を通して、原爆から福島原発事故までの日本の「戦後」を辿りなおす。

ある日、混血児たちが施設の近くにあるヨン子（依子）の家に遊びに行った際に、ミキちゃんという女の子が池に溺れるという事件が起きた。すぐ側には、ター坊という母子家庭の子がいた。ヨン子、カズ（和夫）、ミッチ（道夫）の三人は水音を聞いて、ミキちゃんが落ちた後にオレンジ色のスカートが水面に広がる場面を目撃する。事件の後に、ター坊が彼女を突き落としたといううわさが広まった。混血児のカズとミッチも疑われ、イギリスへと送られたが、二年で日本に舞い戻ってきた。その後、近所にオレンジ色を身に着けた女性が殺される事件が、ター坊が五一歳の時に自殺するまで、ほぼ十年おきに五回に及んで繰り返された。小説は最後、福島原発事故が起こり、海外から戻ってきたミッチがヨン子と一緒にター坊の老母を救い出す場面で終わる。

『ヤマネコ・ドーム』のカバー写真は、アメリカの核試験による放射性物質が封じ込めてあるマーシャル諸島のルニット・ドームを撮影したものである。作者はインタビューでそれに触れながら、福島の原発事故以降、「日本では敗戦後に蓋をされていた巨大な時間が一気に吹き出してきた感があり」、日本の「敗戦後の時間をたどり直」す試みとして、この小説を書いたと述べている。[19] 木村朗子は、アメリカの核実験を始め、世界における「核の罪」を背景とするこの小説を、原発の問題を日本だけの問題ではなく世界の問題として提示し、「世界へ向けて発信」するような震災後文学であると位置づける。[20] それでは、作者は小説のなかで、いかにして福島の原発事故をアメリカの原爆投下、核実験、原発推進から始まる世界の「核の罪」の一環として位置づけ、アメリカに支配されてきた日本の「戦後」を問題化していくのだろうか。

小説のなかでは、ター坊が自殺してから三年後、アメリカで九・一一が発生した二〇〇一年に、GI孤児の一人であるカズが庭師の仕事をしていた最中、木から落ちて重傷を負って亡くなった。日差しが眩しいから、落ちたという。そして、昏睡中のカズがヨン子に話しているという設定の語りで、「そう、真夏の光は、時に凶器になる。真夏の朝はきれいだけど、ひとを殺すこともある。広島の原爆だって、真夏の朝に落とされたんだ」と広島の原爆が引き合いに出される。(21)『眼の奥の森』の小夜子と同じように、米兵が日本人の女性を「一方的に妊娠させて、見捨ててしまった」結果生まれたGI孤児は、戦後初期におけるアメリカ占領軍による女性への暴力を象徴する存在であり、原爆投下によってアメリカの軍国主義に支配されてきた日本本土の「戦後」を暗示する。二つの作品はそれぞれ、沖縄戦と原爆の記憶を呼び戻し、九・一一の発生を、六〇年前の二つの破滅的な戦争暴力によって始まったアメリカの世界への覇権の行使による結果として位置づける。

福島の原発事故は、ター坊の母に第五福竜丸事件を思い出させる。それは、一九五四年の三月一日未明、アメリカが極秘裏にビキニ環礁で水爆実験を行った際に、そこから一六〇キロ離れた海上でマグロ漁をしていた日本の漁船が大量の「死の灰」を浴びて被爆した事件である。そのことを知らずに、日本では三月二日に原子力予算案が提出され、三月四日に可決された。後に、日本政府は、第五福竜丸事件におけるアメリカの責任を問わないことにした。(22)

小説では、地震と津波で福島の原発が爆発し、放射能をまき散らした話を聞いて、ター坊の母は、

「ホーシャノーの雨だよ。濡れたら、髪の毛が抜けちゃうんだって。お母ちゃん、だから、雨傘を買ってよ、お母ちゃんだって、ハゲ頭になるのはいやだろ」と幼い息子・ター坊の声を思い出す（二七頁）。拾ってきた黒い傘を直し、穴につぎを当ててやったら、ター坊は大喜びでそれを部屋のなかで広げ、ぐるぐる回し、天井からぶら下がっていた電球を割ってしまった。

ター坊の母は、福島原発事故の話に登場する「プルトニウム」「ストロンチウム」「ガイガーカウンター」などの聞き覚えのある言葉を耳にして、「むかしの時間と今の時間は混ざりあい、区別がつけられなくなる」、と感じる（二八頁）。かくして、作者はアメリカの核実験による被害と同じ時点で始まった日本の原発開発に、福島原発事故の起源を遡る。一九五四年はアメリカがはじめて核兵器を沖縄の基地に持ちこんだ年でもあったことを考えれば、この場面は、日本がアメリカの原爆投下の責任を追及しないまま、アメリカの「核の傘」に組みこまれ、日米安保、沖縄の米軍基地、原子力によって国家安全保障を形作った起点を象徴するといえよう。

それに続いて、ミキちゃんの事件やそのトラウマから生み出されたター坊による五回の殺人事件は、原爆で序幕を開いたアメリカの核をめぐる暴力を垣間見せる出来事のアレゴリーとして読むことができる。戦後の一九四七年に生まれたター坊は、広島の原爆という「だれにも言えない恐怖を体内に養ってきた」日本の「戦後」を体現する（五七頁）。彼が九歳の時、五六年に起こったミキちゃんの事件は、五四年のビキニ環礁の核実験による第五福竜丸事件に対応する。広島の原爆は、人類の歴史のなかで初めての核兵器の実戦実験であった。アメリカは、莫大の予算を投入し開発した新しい兵器を実験するために、原爆投下を決定した。その破壊力を示すために、日本軍の施設があり、人口が密集する広島と長崎の市街地がターゲットにされ、それぞれウラン爆弾とプルトニウム爆弾が投下された。戦後、原爆による放射能が人体に与える影響を研究するために、被爆者の症状を調査するが治療しないという方針が採られた。

第五福竜丸を巻きこんだ核実験を含め、一九五四年にアメリカがビキニ環礁とエニウェトク環礁で行った六回の核実験に使った水爆「ブラボー」は、広島と長崎に投下された原爆より、千倍の威力を持つものだったと推測されている。[23] 小説では、池の上に広まるミキちゃんのオレンジ色のスカートのイメージは、第五福竜丸事件の時、ビキニ環礁の海の上に立ち昇るきのこ雲を想起させる。その後、ター坊によると思われる殺人事件が起こる度に、ヨン子、カズ、ミッチの語りを通して、そのイメージは何回も小説に現前し、広島の原爆を繰り返し再演してきたアメリカの核実験を視覚的に象徴する。

ミキちゃんの事件から生み出されたター坊の殺人事件は、アメリカの核実験とともに始まった日本の原発国策を、原爆へのトラウマの強迫反復として表現する。アメリカの核実験で日本の原爆への恐怖が甦ったことを表現する。戦時中といえ、市民が日常生活を営む広島の市街地に予告なしに原爆が投下されたことは、想像を絶する破滅的な出来事となった。しかも、原爆自体は、未曾有の破壊力をもつ正体の知れない新兵器として、日本人だけではなく、世界中の人々に深刻なトラウマを植えつけた。アメリカをはじめ、イギリス、フランス、ソ連、中国の大国は、核戦争が発生しないように核兵器開発と核実験を行って、恐怖の平衡（balance of terror）を保ってきた。一方、原発は、核分裂の連鎖反応を利用する発電の方式であるが、一〇〇万キロワット級の原発では、一日にウラン二三五を約三キロを使用し、一日三発の割合で広島原爆を燃焼させつづける事に相当している。ある意味では、核実験と原発とも、原爆の演習や核分裂を反復させることでその攻撃を防止する、という核の抑止力となっている。

小説のなかで、ター坊がくりかえしオレンジ色を身に着けた女性を殺し、ミキちゃんのオレンジ色のスカートが水面に広がるという破壊的な出来事が発生する前に、機先を制してそれを防止する。その設定は、アメリカの「核の傘」に入り、原発国策で核武装の潜在力を保つ、という戦後日本国家「安全保障」のメカニズムを表現する。

さらに、ヨン子、カズ、ミッチや世界に分散したほかのGI孤児の話を通して、ター坊がオレンジ色を身に着けた女性を殺す五回の事件はそれぞれ、ベトナム戦争、チリ・クーデター、スリーマイル島原発事故、チェルノブイリ原発事故、湾岸戦争などと、二、三年ずれる形で対応している。戦後、アメリカはアジア、南米、中東などの国を対象に侵略戦争やクーデターなどの軍事暴力を遂行しつつ、大量殺人兵器による虐殺や、科学兵器による人体と環境への影響についての責任を否認してきた。ベトナムのジャングル戦で、アメリカ軍は、ナパーム弾やエジェント・オレンジを使い、北ベトナムの兵士を攻撃した結果、地元の住民や自国兵士にも深刻な後遺症を残した。スリーマイル島原発事故によって原発の安全性をめぐる論争が起こった際に、原発支持派のアメリカ人科学者は、広島の原爆被爆者への調査を裏付けに、放射能が人体に与える影響が限られたものだと主張した。(24) チェルノブイリ原発事故の際でも、ソ連の科学技術が遅れているから事故を起したと主張し、原発の安全性を強調し続けた。湾岸戦争の時に使った劣化ウラン弾によって、米国の帰還兵は湾岸戦争症候群と呼ばれる後遺症を起したが、その因果関係も否認してきた(25)。

小説のなかでは、ター坊が五十一歳で自殺するまで発作的に起こした殺人事件は、核の「平和利用」の名目で核軍事力を維持し、核兵器と原発産業に頼るアメリカの世界覇権に加担し、原爆という暴力を繰り返し再演してきた日本の「戦後」を象徴してもいる。

小説では、ミッチはブルターニュに滞在したとき、手かざしで人々の病気を治す力をもつ原住民の「魔法使い」のもとに身を寄せていた。「魔法使い」は、流木を利用する彫刻家でもあった。ある日、ミッチは、彫刻がほとんどお金にならないし、師匠の自己満足にすぎないので、それをやめて治療の方に専念すればいいではないかと言って、「魔法使い」を激怒させた。彼はミッチを追い出し、三つの予言をして呪いをかけた。一つ目は、「近いうちに、だれにも言えない恐怖を体内に養ってきたひとりの人間が、その恐怖によって死ぬだろう。そうすると、一人の体内から自由になった恐怖がまわりにばらまかれることだろう」という呪いである。二つ目は、ミッチか、ミッチと「引き離せないほど近い人間がやはり、そう遠くない時期に急死する」。三つ目は、ミッチが「生まれ育った日本列島が海に呑みこまれ、その後、得体の知れない魔物が居すわることになる」（五七―五八頁）。この三つの予言はそれぞれ、ター坊の死（日本の「戦後」の終結）、カズの死（九・一一）、福島原発事故を予言している。問題に満ちた日本の「戦後」から生み出された九・一一、福島原発事故を原住民の予言として語る設定は、世界各地の原住民が、核実験と原発の製造による暴力の主な被害者であることに呼応している。それはまた、第二次世界大戦をめぐる日本の戦争責任とアメリカの原爆責任の相殺を生み出した人種差別もその起源に遡って明らかにする。

ヨネヤマ・リサが指摘したように、欧米人に対して犯罪を犯した日本軍の戦犯が処刑されたのに対して、日本軍によるアジア・太平洋の住民への加害はそれほど追求されていなかった。アメリカの原爆投下は、ホロコーストのように、「人類への犯罪」として追求されることもなかった。それは、アジア、太平洋の有色人種は、「人間」というカテゴリーの周縁に位置づけられているからである。(26)

小説の最後の場面で、ミッチとヨン子がター坊の母を訪ね、ミッチは「放射能の煮こごり」のなかで、声に出さずにター坊の母に話しかける。お母さんのかすかな、震える声が、「耳に届く声ではなく、ミッチの眼に直接、射しこむ声として」戻ってくる。そして、死んだター坊のすすり泣く声が漏れてくる。

小バエの羽音と重なって、すすり泣きの声が、天井からも聞こえてくる。畳の下からも、壁からもひびいてくる。ああ、これはター坊の泣き声だ。ター坊が死んでも、出口を奪われた泣き声は消えない。ター坊の泣き声とお母さんの泣き声がここには降り積もり、染みこみ、煮こごりの闇は長い時間を越えたすすり泣きの声で閉ざされている。(三二三—三二四頁)

アメリカがマーシャル諸島のエニウェトク環礁で行った核実験による汚染物質をニット・ドームのコ

ンクリートで封じこめたように、福島事故の放射能の「煮こごりの闇」は、世界唯一原発を落とされた国でありながら、原爆の記憶を封印し、アメリカの核の傘に組みこまれ、原発大国となった日本の「戦後」のアレゴリーである。死んだター坊の泣き声は、放射能のイメージに重ねられ、原爆の死者と被爆者をはじめ、戦前の日本帝国による戦争動員や犯罪の被害者、核実験、原発産業、軍事帝国主義など戦後における「核」の暴力による被害者の苦しみと悲しみの記憶と声を現前させ、人種・民族差別によって継続されてきた原爆の暴力を可視化するのである。

3　継続されてきた戦争の暴力を可視化すること

ニール・ラムゼーは、生、戦争、科学技術をめぐるヨーロッパの学者たちの理論をレビューし、冷戦期以来、核戦争の脅威やそれによる抑止力は、人類の破滅をもたらす核戦争の発生を防止し、世界の「平和」「均衡」の状態を維持してきた、という逆説を考察する。空軍、原爆、水爆などの出現により、領土、戦争に関する国際的な規範や法律が崩壊した結果、戦争は双方に勝利の機会があり、お互いに尊重する対等の者の間に行われる戦闘ではなくなり、対抗する者どうしがただ単に暴力の対象にすぎない状態になってしまう。さらに、新しいテクノロジーによって兵器の破壊力が増大してきたことにつれて、国家、民族の存続を目的とする「生きさせる」ための戦争は、すべての生命を徹底的に破壊する「死なせる」ための戦争になった。また、核兵器を製造する軍事勢力は、市民社会の「生」の政治学を支配するようになった。その意味では、核の抑止力（nuclear deterrence）は、死の政治学（thanatopolitics）としての新しい戦争の形態を表現するのである。[27]

しかし、本稿の議論でわかるように、戦後、核の抑止力によって実質的な核戦争は発生していないものの、すべての生命を徹底的に破壊する「死なせる」ための戦争は、すでに行われてきた。世界中に基地を配置したアメリカを始め、核兵器を持つ大国は、大量殺人の武器や科学兵器によって、侵略戦争やジェノサイド、核実験を行い、自国の少数民族やアジア、太平洋、中東の人々に数々のカタストロフィをもたらした。核兵器の放射性物質に代表されるように、化学的な物質が地元の住民、兵士、環境だけではなく、自国の兵士にも後遺症を残した。

さらに、そのような「死なせる」ための戦争は、戦後に始まったものではなく、第二次世界大戦の期間にすでに行われてきたことを見落としてはならない。国連による制裁が行われなかったため、都市部への無差別空襲、新兵器による大量殺人、非戦闘員の虐殺などが繰り返され、ホロコーストと原爆で頂点に達した。第二次世界大戦が終結した後、そうした戦争犯罪と暴力の責任が不問に付されたまま、戦前における欧米帝国や日本帝国の人種／民族、性、階級の差別と権力関係が維持され、軍国資本主義の暴力が繰り返されてきた。その意味では、核の抑止力による戦後の「平和」「均衡」を、「死なせる」ための戦争だった第二次世界大戦の終結ではなく、その連続や反復として見る必要がある。

福島原発事故が発生した後、日本の政治家たちは、原発で核の抑止力を保つ必要を公言し、その上で核武装を擁護するなど、抑圧された軍国主義的な欲望をさらけ出した。二〇一五年、ついに平和安全法制を成立させ、集団的自衛権の行使という名目で、実質的な武装化を遂げるともに、日米安保を強化した。戦争と環境の破壊がグローバル化された「核」の時代に生きる人間は、「世界」「人類全体」など特定の時間や空間を超える普遍主義によって加害、被害の権力関係やその歴史を曖昧化してはならない。近代以来、グローバルな軍事資本主義、国民国家、地域社会が不均衡の共犯関係の下で、隠蔽してきた人種／民族、性、階級の差別と権力関係を明るみに出し、自分がいかなる形でそれに加担しているのかを反省し、行動をとるという倫理的な義務を果たす必要がある。本稿の解読でわかるように、『眼の奥の森』と『ヤマネコ・ドーム』は、封印されてきた沖縄戦と原爆の「傷の声」を通して、日本や世界の「戦後」に継続されてきた暴力を可視化して、そのようなメッセージを届けようとしているのである。

（1）武藤一羊、『潜在的核保有と戦後国家―フクシマ地点からの総括』、社会評論社、二〇一一年、四三頁。
（2）Lisa Yoneyama, *Cold War Ruins : Transpacific Critique of American Justice and Japanese War Crimes* (Durham and London : Duke UP, 2016).
（3）山岡淳一郎、『原発と権力』、ちくま新書、二〇一一年、一一八―一三八頁。
（4）武藤一羊、『潜在的核保有と戦後国家―フクシマ地点からの総括』、五七―六一頁。
（5）米山リサ、『広島―記憶のポリティクス』、岩波書店、二〇〇五年。
（6）季刊『前夜』二〇〇四年の秋号から二〇〇七年の夏号に一二回にわたって連載したものに基づき、作者が加筆・訂正した。

（7）敗戦直後の米軍犯罪は、もっとも多かったのは一九四八年で、補償請求したものだけでも二百二十九件で、次いで一九四七年に二百五件となっている。福地昿昭、『沖縄における米軍の犯罪』、同時代社、一九九五年、一五頁。
（8）安仁屋政昭『裁かれた沖縄戦』、晩声社、一九八九年。
（9）林博史、『沖縄戦と民衆』、大月書店、二〇〇一年。
（10）進藤栄一、「分割された領土」、『世界』四〇一号、一九七九年四月。
（11）武藤一羊、『潜在的核保有と戦後国家—フクシマ地点からの総括』、五一—五二頁。
（12）高里鈴代、『沖縄の女たち—女性の人権と基地・軍隊』、明石書店、一九九六年、二四三頁。
（13）「主人公タンクレーディは、恋人クロリンダが敵方の騎士の甲冑をつけていたため、戦の場でそれと露知らずに恋人を殺してしまった。彼女を埋葬したあとで、タンクレーディは十字軍の軍勢を脅えさせている不気味な魔の森へ入っていく。森の中で、彼は一本の高い木に斬りつける。すると、木の傷口から血が流れ出て、この木に魂が呪縛されていたクロリンダの声が漏れ、またしても恋人を傷つけたとうったえるのである」。キャシー・カルース、下河辺美知子訳『トラウマ・歴史・物語』、みすず書房、二〇〇五年、四頁。
（14）キャシー・カルース、下河辺美知子訳『トラウマ・歴史・物語』、一七頁。
（15）Sigmund Freud, *Beyond the Pleasure Principle* (New York : W. W. Norton, 1961).
（16）沖縄戦の間、激しい大砲や迫撃砲や日本軍による至近距離の自殺攻撃によって、米兵の戦争神経症が多発し、四月の末にそれを治療するための野戦病院が新設された。Roy E. Appleman et., *Okinawa : The Last Battle* (Washington, D.C. : Center of Military History, U.S. Army, 1948), p385–386, 414–415.
（17）土井淑平、『フクシマ・沖縄・四日市—差別と棄民の構造』、編集工房　朔、二〇一三年、六〇—六八頁。
（18）二〇一三年一月に『群像』に掲載され、五月に単行本として刊行された。
（19）津島祐子インタビュー、「「ヤマネコ・ドーム」—隠された戦後をたどり直す」、『群像』二〇一三年七月号、一八二頁。
(20) 木村朗子、『震災後文学論—新しい日本文学のために』、青土社、二〇一三年、二一〇〜二三五頁。
(21) 津島祐子『ヤマネコ・ドーム』、講談社、二〇一三年、四三頁。
(22) 山岡淳一郎、『原発と権力』、四八〜五三頁。
(23) Elizabeth M. DeLoughrey, 2012, "The Myth of Isolates : Ecosystem Ecologies in the Nuclear Pacific," in *Cultural Geographies*, 20 (2) : 171.
(24) Kaku, M., & Thompson, J. T., *Nuclear Power : Both Sides : The Best Arguments For and Against the Most Controversial Technology* (New York : W. W. Norton & Company, 1983).
(25) Rob Nixon, "Ecologies of the Aftermath : Precision Warfare and Slow Violence," in *Slow Violence and the Environmentalism of the Poor* (Cambridge : Harvard University Press, 2013).
(26) 米山リサ、『広島—記憶のポリティクス』、岩波書店、二〇〇五年。
(27) Neil Ramsey, 2012, "MAD theory : nuclear deterrence and the thanatopolitical limits of Empire," *International Social Science Journal*, 63 : 67–78.

第7章　プレカリ化する日本

シュテフィ・リヒター

自由と生存のメーデー09　呼びかけポスター

1　ある宣言

一連なりの妖怪が――「ロストジェネレーション」という名の妖怪が、日本中を歩き回っている。就職超氷河期（1990年代という「失われた十年」）に社会へと送り出された20代後半から30代半ばの私たちは、いまだ名づけられ得ぬ存在として日々働き暮らし死んでいきつつある……、その数2000、000人。「ワーキングプア」「フリーター」「ひきこもり」「ニート」「うつ病世代」「貧乏くじ世代」「負け組」「下流」「ロストジェネレーション」……。世間が私たちをさまざまなレッテルで一括りにする。しかし、私たちは、「レッテル貼り」によって目の前にある問題や矛盾が隠されたり、未解決のまま先送りされることをのぞまない。

そして、私たちが抱える苦しみと悲しみを、「自己責任」という言葉で片づけたくない。これまで感情を押し殺して黙って生きてきたけれど、いまになってやっと、自分たちが「怒ってもいいのだ！」と気づいたから。（「ロスジェネ宣言」二〇〇八、五）

「ロスジェネ宣言」の冒頭の言葉である。これは、二〇〇八年に発行され、初版一万部を超えた同名の雑誌『ロスジェネ』の信条表明である。世界中で金融危機が経済を悪化させ、それに伴って民主主義の危機を増幅させた。最近の専門家たちの言葉では「マルチ危機」と呼ばれている時代である。そのため日本でもまた労働市場が悪化し、とくに非正規雇用者と呼ばれる若者たちを不安定な状態に追いやった。それまでにも「ワーキングプア」とか「フリーター」として知られていた彼らは、今やしばしば「ロスジェネ」と呼ばれるようになった。「lost generation」を日本式に約めたこの言葉は、一九九〇年代半ばのいわゆる「失われた一〇年」以来労働市場に押し寄せてきた世代を直截に形容する言葉となった。だが、一九九〇年にバブル経済が突然崩壊すると、終身にわたって「普通の生活」を保障していた正規雇用がますます困難になった。そのため当時も「就職氷河期」が話題になった。

『ロスジェネ』発行と同じ年の二〇〇八年には、毎年発行されて日本社会の状況を測る地震計のような役割を果たしている『現代用語の基礎知識』に「ロスジェネ」という言葉が初めて採用される。そしてその年の文芸誌『すばる』八月号には「生まれてこなかったことを夢見る」というタイトルのもとに、五回にわたる「ロスジェネ文芸論」シリーズの第一回目が出る。これは自らプレカリアートの生活を送っている活動家で批評家の杉田俊介によって書かれたものである（杉田二〇〇八—二〇一二参照）。こうして危機の年二〇〇八年、明らかに「ロスト・ジェネレーション」はスラヴォイ・ジジェックのいう「出来事」となった。それは突然「露出」して、どのような理由からそれが生じたのかという問いを投げかけるだけでなく、同時にこれまでその現象と取り組んできた体系的な枠組みや認識をも問題視するものであった（Žižek 2014, 11）。

「失われた世代」以外にも、最初の引用に出てくるさまざまな「レッテル」は、いずれもわれわれのポスト産業社会に実際に起こり、漠然と感じ取られている大変動を明確な言葉で言い表そうとする試みである。日本でもそうした試みがプリケアなもの、プレカリアート、プレカリ化といった概念のもとに論議されているが、じつはこれはけっして自明のことではない。たとえば政治学者のイザベル・ロライは『State of Insecurity. Government of the Precarious（不安定な政府）』のなかで、ヘゲモニアルになっていく主体化様式としてのプレカリ化の過程をはっきりと「主要なネオリベラル西洋産業国家」と関係づけている（Lorey 2012, 39）。ヨーロッパが学問的理論的な知の生産において、もはや世界を測定するアルキメデスの点として機能しなくなっているという認識と結びつけて考えるならば、ロライのこの慎重な見解はまったくそのとおりである。そしてこの考えは、一見従来の社会モデルに依拠する社会学的日本研究によっても証明されているように見える。たしかに、これらの研究は日本でももっぱら社会的不平等が拡大し、プリケアな勤務事情のせいで貧困が増大していることを確認している。しかし、社会全体から見ると、日本は「明らかにまだプリケアとは言えない。（中略）プレカリアートという新しい「階級」が（言説上で）創出されたことも、（中略）実際にはそれ以前から存在していたはずの個人的な生活状況の大きな格差を曖昧にしてしまっている」（Obinger 2016, 345）とされているのである。

しかしながら、このようなアカデミズムの研究はひとつのことを見逃している。ほとんど同じ時期に、イタリア、フランス、スペインではプリケアな活動家たちがプレカリティの調査研究を開始し（彼らにとっては当初から理論と実践は分離不可能であったし、それは現在でもそうである）、同じころ日本でもまたプリケアな活動家たちがこうした流れの一部を形成することになった。彼らは「ヨーロッパ」の仲間たちとコンタクトを取り、そのテクスト、シンボル、運動の進め方などを利用しながら、自分たちの事情に目を向けてきた。これを示しているのが、二〇〇六年に公刊された雑誌『インパクション』の二度の特集である（ちなみに、この雑誌は左翼理論の機関誌であるが、この間は休刊している）。私の発表も多くこの特集に負っている。四月号の特集は「万国のプレカリアート「共謀」せよ！」で、一〇月号のテーマは「接続せよ！　研究機械」となっており、両特集とも、「プレカリアート」という言葉が、冒頭に示した『ロスジェネ』誌が示しているような運動用語やプロテスト用語として、また制度化された学術用語として定着するのに貢献したのだった。四月号の特集の序文（副題は「不安定階層（プレカリアート）の新たな政治を目指して」）は伊藤公雄によるものだが、以下にその全文を引用しておこう。

プレカリアートとは誰のことか。簡単にいえば、市場中心主義のグローバル化のなかで、職業的にもまた生活の面でも「不安定（プレカリティ）」状態におかれている人々、特に若い世代のことだ。コンビニやファストフードで働くチェーンワーカーや、大学（院）を出ても職がないまま非常勤や非正規のブレインワーカーなどは、その典型例だろう。日本で「ニート」や「フリーター」と呼ばれている若い世代もまた、このプレカリアート予備軍（可能性としてのプレカリアート）と考えることができる。もちろん、「不安定」な状況にとどまっているだけでは、プレカリアートとはいえないだろう。新しい「行動主体」として構想されているという点がこのプレカリアートという言葉にはこめられているからだ。暴走するグローバル資本は、不安定層をどんどん拡大させる一方で、不安定層が生み出しかねない社会解体の危機を、監視と統制によって押さえ込もうとしているかにみえる。おそらくは、このままほうっておけば、行き着く先は、二一世紀型のグローバル全体主義に対抗し、「公正さ」に開かれた「自由」と「民主主義」のグローバル「世界」を構築していくためにも、社会的に不利な条件にある人々や少数派の声を、社会に（世界に）反映させるための回路が求められる。だからこそ、万国のプレカリアートは、「共謀」する必要がある。インターネットを通じて、活字メディアを介して、さらに実際に顔と顔をつき合わせながら、それぞれの多様性をきちんと担保しつつ（つまり「全体」に回収されることなく）「共通の声」を生み出すことが求められているのだ。（伊藤 二〇〇六、九）

同じ二〇〇六年にはサウンド・デモ「自由と生存のメーデー」が開かれ、「プレカリアートの企みのために」というスローガンが初めて使われた（http://www.mkimpo.com/diary/2006/mayday_06-04-30.html）。この運動形態は、二〇〇一年に初めてミラノに登場したユーロ・メーデーにちなんで二〇〇五年からできている。この関連で、これを共催した「パートタイマー・労働者・フリーター・外国人労働者の組合」（ＰＡＦＦフリーター全般労働組合：二〇〇四年創立）のある活動家は、「プレカリアート」という言葉が普通の人々の口から生まれたものであることを強調し、その点で、たとえば「マルチチュード」とは異なっていると述べている。

けれども、〈プレカリアート〉という言葉は、例えば〈マルチチュード〉とは違って、学問の言葉として生み出されたものではなく、匿名の落書きから生まれたものだというのが面白いところだよね。（…）〈プレカリアート〉というこの言葉は、科学的な精密化にはそぐわない言葉でもある、と思うんだ。「不安定」というのを、統計的・実証的にどうやって定義するか、なんてやっていったら、全くのナンセンスになってしまう。それよりも、私達が日々感じている不安や寄る辺なさといった具体的な感情から出発したほうがいい、と思うんだ。（http：//blog.goo.ne.jp/harumi-s_2005/e/3a5c22757263722 2ce248d2849da85b6）

ここに述べられているのは、少なくとも日本に関係するヨーロッパの社会科学研究がこれまでほとんど問題にしてこなかった――または理解してこなかった――プレカリ化の新たな性格であり、政治学者マリオ・キャンデイアスは正当にも、その分析は「十分に明らかにされておらず、過剰に差異化されている」と述べている（Candeias, 2005）。この新しさは、おもに次のことから来ている。すなわち、運動つまり活動家自身がしばしば「われわれ自身が当事者である」といっているように、自分が直面している事態を研究するために必要な知識を持ち合わせた専門家でもあるということである。プレカリアートはアカデミズムの世界でもよく口にされるようになったが、このことが『インパクション』の二つ目の特集号のテーマとなっている。執筆家、翻訳家、活動家であるサブ・コーソ（高祖岩三郎）はそのことを同じ二〇〇六年に出たテクストの中でこうまとめている。大学の大多数はもはや「中産階級つまりホワイトカラーを生産する機関ではないし、ましてや日本の将来を担うエリートを育成する場所ではない。

むしろそれらは、慢性的に失業する若者の収容施設なのだ。(中略) だから今や、新たに学生とは何かについて考えるべきである。(中略) そして学生たちをそのコンセプトに見合うように組織すべきである。(中略) この意味において、大学は再び闘争の舞台となることができるかもしれないが、それはこれまでになかったような仕方でおこなわれることになるだろう。」(Kohso 2006, 416/434f.)

これまでの記述から推測できるのは、日本でもこうした雰囲気や (たとえ少数とはいえ存在する) プロテストを、もはやマージナルな問題ないし大衆迎合主義の問題として片付けてすますことはできなくなるだろうということである。この国でも、あらゆる社会領域および成長世代がプレカリ化されるような社会形態が生れてきているからである。にもかかわらず、これまでに述べてきた共通点とは別に、相違点も忘れられてはならない。この相違点は (通時論的には) 個々の社会の資本主義的な近代化の歴史的経路依存《パス・ディペンデンシー》からも、また (共時論的には) 個々の社会の置かれてきた (いる) さまざまな社会的ないし地政学的な布置関係からも生じてきている。「プレカリ化社会」というまだ未熟なコンセプトを発展させるべく、このように周到かつ経験的理論的に基礎づけられた共通性と相違点を合わせ考える作業は、まだ始まったばかりなのである。

社会全体の構造変化を射程に入れたマクロな視座からは、たとえば、日本では「ポスト・フォーディズムの蓄積体制」が「トヨティズム」として発展したという事実から、プレカリ化に対してどのような屈折《フレクション》が起こったのかを綿密に研究することが必要となる。トヨティズムは、すでに一九八〇年代に始まり、二〇〇〇年以降促進された民営化、規制緩和、社会福祉国家の切り詰めといった政策と並行していた。その生産モデルはフォーディズムないしポスト・フォーディズムとの関係で議論されてきただけではない。多くの若者たちが、いわゆる新メディアという条件下にあっても、自分たちの労働力を売りに出さなければならないとは、どういうことを意味するのかについても論議されてきた（Berndt 2009, 99–106およびElis 2016, 70–78を参照）。こうしたモデルはやはり生産過程やコミュニケーション過程の情報化ないしコンピューター化の強い影響を受けているのではないだろうか。

この発展は、働く者たち全員に、一方で労働密度・管理の強化に向けての圧力と、他方で自立性、創造性、自己責任、フレキシビリティの可能性という、新しいパラドキシカルな要求を突きつける。このパラドックスは「フリーター」という社会タイプでも表わされる。まさに名は体を表わすの諺どおり、これについては当初からアンビヴァレントに論議されてきた。当初は「フリー」という言葉によって、中産階級とりわけサラリーマンのますます窮屈と感じられる「ライフスタイル」から解放され、自分のライフプランを練るというプラス面が表現されるはずであった。大量に発生した「フレキシブル」な仕事、とくに膨脹するサービス産業の仕事もアンビヴァレントであった。つまり、これらもそうしたライフプランを実現するための収入の道を与えるように見えた。だが、同時にネオリベラルな条件下にあっては、そのような安定した昇進保証のある雇用から「解放された」（安い）労働力への需要が高まっていき、遅くとも一九九〇年代の半ば以降は（一九七〇年代生まれの）「団塊ジュニア世代」のイメージもその現実状況も「ワーキングプア」ないし「ロスジェネ」の方向に流れていった。その数は「富裕であることを恥じず、謙虚さを失くし、他者や全体に対する責任を避けようとする連中の数と同じまでになった。とくに若い富裕層は自分たちの成功や富をあからさまに誇示して、自己演出したがる。（中略）上層と下層は中間層を切り崩して広がり、上下差はますます拡大していく」（Berndt 2008, 76f.）。

こうした展開は日本では「下流社会」とか「格差社会」という言葉で議論され、コンセプト化されている。この展開を政治理論家のオリバー・マルヒャルトの「包括的プレカリ化概念」と合わせて考えてみるのは有意義であろう。マルヒャルトはプレカリアートをたんに貧困や下層、あるいは特定の就業状態に結びついた特定の社会層に還元するだけでなく、それを社会全体の要件とみなし、そのため「プレカリ化社会」ということも言っているのである。この社会においては、「社会的組織が傾向としてあらゆる労働および生活関係の不安定化、つまりプレカリアートが社会的なものの全空間に拡散していく過程にさらされる」（Marchart 2013b, 7）。その際その過程にとっては三つの機軸が中心的な意味を担うが、それらに沿ってプレカリ化がこれまで比較的明確に区別されていた社会空間および領域を「分断する」ことになる（7–20）。

第一の機軸においては、プレカリ化は横断的、すなわちあらゆる社会層にわたって進行する。これまで普通だとされてきた社会的標準が浸食を受けることによって、その反動としてプレカリ化が起こり、正規の雇用関係にあった者たちも脅威にさらされる。

第二の機軸においては、不安定化ないしプレカリ化が多くの労働分野のみならず、生物的、社会的、文化的な次元における生の再生産においても生じるという。そのもっとも包括的な理由となるのは、とくに（無形な物品も含めて）物品が商品化され、あらゆる労働ポテンシャルや能力が市場に送り出されることによって、労働が工場を越えて全社会空間に拡大することである。「クリエイティヴな連中」は「働いていないように見えても、働いている」(12)。これに対して多くのワーキングプアは何とかやりくりをしていくために二か所ないし三か所で働かなければならない。

第三の機軸として、マルヒャルトは領域を超えたプレカリ化の客観的および主観的な過程をも考察の対象にしている。客観的には、広範なフロントでの規制緩和が大きな転落リスクとなる。主観的な意味で貧困層や失業者に不安が広がるのではない。「プレカリアート予備軍」が脅威として不安を抱くのは、「プレカリティがつねに、だれの頭のなかにもあり」つづけるという事態なのである。しかし同時に、諸個人が仕事と生活におけるリスク・マネージメントのために負わなければならない責任が増えていくため、そのリスクを富裕化のチャンスとして、あるプレカリ化された条件を自己実現の自由として経験できるような主体化の戦略が結果として出てくる。既成の支配構造は、統治テクノロジーを駆使する「自由に行動し、企業的発想をもった主体の自立ポテンシャル」を「生産資源として調達」できるために支援することになる(13)。しかし、こうしたテクノロジーは具体的な行動主体によって不断に主体化され、したがってまたそのポテンシャルからしてアンビヴァレントな新しい主体構造の統合要因ともなるという。

ここで重要なのは、マルヒャルトがプレカリアートを「ますます多くが貧困、排除、遮断のなかに陥っていく」とする「経済決定論」としては見ていないということである。むしろそれは「新しい政治的行動のパースペクティヴをも」開示しているとされる(16)。

マルヒャルトはこのプリケアな主体の自己統治テクノロジーのアンビヴァレンツを後期フーコーの「統治性（ガヴァメンタリティ）」の研究に結びつける。この研究はイザベル・ロライがプレカリ化メカニズムのアンビヴァレンツを分析する際にも中心的な意味をもっている。ロライはこのメカニズムをたんなるアカデミックな関心からではなく、彼女自身のアカデミズムにおけるプリケアな状態と、プリケアな人々の運動への参加というコンテクストから分析しているが、これは日本におけるプレカリティおよびプレカリ化への私の関心とも近い。だから、後の議論を実りあるものにすべく、ここで彼女のコンセプトの中核をなす考えを少しだけ紹介しておきたい。その際また二〇一四年に出たカール・カッセゴールの興味深い研究『現代日本における若者の運動・トラウマ・オールターナティヴ空間』をも参照することになるが、この中にはさきに触れた『インパクション』の二つの特集号にも関わった多くの活動主体が紹介されている。

2　自己委任としてのエクソダス(1)

個人が統治可能なものにされると同時に自己も他者も統治可能にする様式を分析する、その中心に置かれるのは、後期フーコーによって導入された統治性の概念である。そして、この自他のマネージメントという二重のパースペクティヴの基にあるのは、その中に秘められた批判ポテンシャルについての次のようなフーコーの問いである。「こうした原理の名にあって、そのような目的のために、またそのような方法で統治されないこと、そのようにではなく、そのためにではなく、それによってではないように統治されることは、いったいどのようにして可能なのだろうか」（Foucault 1992, 11f. 強調は筆者）。ロライはこの問いを取上げているが、彼女の関心は「自他統治のアンビヴァレンツ」だけではなく、とくに、「従属的に統治されることと、そのようには統治されないことを目する拒否との間の自己統治内部のアンビヴァレンツ」（Lorey 2012, 17）にも向けられる。前者すなわち（プリケアな）自己統治の従属面は、近代の市民が「集団の、またそれに含まれる形での自分の主権、自律、自由を信じて」（16f.）自分から進んで社会的な関係に服するという点に特徴がある。この従属面は結局のところ脅威、保護、安全という社会政治的論理に従うことになるが、これは歴史的にはホッブスの立てた安全国家の構想に行きつく。これに対し、そうはならず、「しかもますます支配から逃れようとする」方が向かうのは、ケアの論理、すなわち「それと結びついた「再生産」の概念および多様なケア活動がポスト・フォーディズムの生産関係の中に場所を見つけ、知的ないし情動的にコミュニケートする新たな労働形態を尊重する」という論理である（120）。

これがプレカリアート研究にとって何を意味するのかを理解するために、プリケアであること、プレカリティ、統治的プレカリ化というロライのプリケア概念の三つの次元を紹介しておくのが得策であろう（24-29）。これらはどれ一つとして単独で現われることはなく、つねに歴史的にさまざまな形で相互に関係し合って現われてくるが、それによって明らかになるのは、権力と同じように、プリケアなものもけっして消失しないということである。

ロライは「プリケア存在」をジュディス・バトラーの「プレカリアス性 precariousness」、すなわち、あらゆる人間の生と身体は条件づけられているという事実と結びつける。つまり、あらゆる人間は社会的で、他者に依存しているのだが、保護を求める裏側として、その分つねに不可避的に脅威にさらされる。しかしこの全員に共有されるプリケアな共同存在は人間の生活を平等にはしない。というのも、プレカリティとともに初めから、諸個人の不安定を社会的にさまざまに規定する政治的次元がはたらくからである。政治的または法的規約という形での他者化 Othering の過程を越えて、プリケアであることが不平等な関係やヒエラルキーの中に立ち現われてくるのである。「この次元が、諸個人に集団への帰属を認めたり拒否したりする自然化された支配関係を捉えることになる」(26)。ここで言われる支配とは、「生活上プリケアであることに対して試みられる安全保護を意味するが、同時にこの防御の特権はプレカリティを、さまざまな形で、別の守る必要がないとみなされた人々に振り分けることを基礎にしている」(37)。

最後の第三の次元、すなわち統治的プレカリ化は、賃労働と産業資本主義的な関係の発達に伴って発生する歴史的に特殊な統治形態に関連している。これのヨーロッパ的でリベラルな段階では他者化はまず、市民的基準から外れたという意味で、アブノーマル、異質、貧しいものとして社会の(またはコロニアルな)周縁に排除されるプレカリティの形態を生み出す。しかし、可塑化、規制緩和、脱安全化を特徴とするネオリベラルな体制下にあっては、プレカリ化は常態化され、「不安定による統治を可能にする。プレカリ化はネオリベラリズムにおいては中心に入れられることによって、いわば「民主化」されるのである」(25)。

割り当てられ、不確かでリスクの伴った労働および生活の条件は、相応の法律や規則や規約によってできるだけ多く安全地帯に再統合された人々を、もはや「端っこ」だけに置いておくことはない。「転落の心配と締め出される不安」(Hommrich 2016) が「ノーマル」で「レギュラー」の日常にも入りこみ、それが社会全体に行きわたると、プリケアな人々の政治的で文化同一的な統合は不可能となる。「プリケアな人々の利害を代表するもの、およびその代理形式が欠けるのである」(Lorey 2012, 22)。しかし、さきに二つ目の「自己統治の内部におけるアンビヴァレンツ」への指摘でも触れたように、ロライはそのことをたんに欠陥だと嘆いてはいない。彼女は同時にそのつど異なった事情にあるプリケアな人々の求める「資格」を問題にする。その資格とは、彼らが価値創出のために手段化する(手段化させる必要のある) 資格、しかしまたそれを、孤立化を克服するための新しい共同体を求める出発点となる能力に転ずることができるような資格のことである。ロライ自身はスペインの Precarias a la Deriva の運動を分析し、それを「ケア共同体」と呼んでいる (Precarias a la Deriva 2014)。

日本において同じような運動を見つけることができるだろうか。ヨーロッパにおける日本関係のプレカリ化研究(2)はアカデミズム、ポップカルチャー、文学といった分野での「プレカリアート・ブーム」を話題にしているが、これらの関心が向いているのは、とくにプリケアであることの中にある耐え難さ、つまり苦の圧力という明確な「犠牲」面である(だから現況へのあきらめを伴った朗らかな態度について関心が向けられるのはむしろ稀である)。そしてここに「社会全体の認識に持続的かつ一面的な影響を与える最大のポテンシャル」があるとされる。というのも、このブームは、この間豊かな市場が形成されて、それを実際に体感する当事者たちがさまざまなメディアを通して自分たちの話を広め、役立てることになるからである。このような表象ないし物語は次のような印象を喚起することになった。

それによってとりわけ中産階級およびその抽象的な転落不安や危機感が扱われるべきだとされる。要するに、そこでの格差の言説は、「まだプレカリ化されていない者」が実感する脅威をめぐってなされていても、具体的な解決策をめぐってではない。なぜなら、日雇労働者、ホームレス、あるいは（不法な）移民に見られるような、この数十年の間に見られる貧困状況への取り組みが大幅に無視されてしまっているからである（Obinger 2016, 343）。

この所見は、その基礎にある分析「フレーム」と、それに結びついていて、さきに述べた安全国家の論理に従う社会モデルとをセットにして考える場合には、同意できなくはない。つまり、実感と現実の区別、プレカリ化をある不安定ゾーンないし脅威にさらされた社会層に限定した場合である。言いかえれば、プレカリティをもっぱらネガティヴな意味で理解した場合である。しかし、ロライ（およびマルヒャルト）は、まさにこうした従来のヘゲモニー型モデルに挑戦する。彼ら（および私）にとって問題なのは、むしろこのような主体化の形式に内在するエンパワーメントおよび行動ポテンシャルのパースペクティヴである。このポテンシャルがどれほどマージナルに見えようとも、それは全体の安定性を倒壊させることができる。それを言葉にもたらすこと、それがすでに述べたカール・カッセゴールの研究が目指すところでもあるので、最後にそれについて触れておくことにしよう。

3　Just let us be!

カッセゴールの研究には、他の研究でもよく出てくる一人の活動家、いわば日本のプレカリアート運動のシンボルともいうべき雨宮処凛がたびたび登場してくる。「プレカリアートという概念にはフリーターを代表とするような非正規雇用者やニート、そしてサービス残業を強いられるような正社員層や自営業者、私のようなフリーの物書きなんかも含まれる」（雨宮二〇〇八、四四—四五）。雨宮は最初に紹介した『ロスジェネ』誌に寄せた論文で、当時ほとんど知られていなかったプレカリアートという概念をそのように定義し、その概念をさきに述べた雑誌『インパクション』の読者範囲を超えて広める働きをした。もちろん、この、かつてのパンク歌手にも問題がないわけではなく、飽くことのない出版活動によって彼女は面倒なブームや市場化の過程にも巻き込まれている。しかし、彼女がかなりのところまで、貧困や非正規労働を「自己責任」として自明視してしまわないようにしたことは争う余地がない。公の場でも、当事者たちの間でも、もはやたんに犠牲者とか「敗北者」とみなされることに甘んじるのではなく、新たに組織された労働組合的な組織や不当不公平に対抗する団体の助けを借りて身を守ろうとする人々の声が聞えるようになってきている。これは雨宮自身にも当てはまることで、彼女はプリケアア存在としての自己を、自己および他者を自己権限化しながらケアする権能へと転位させている。[3]

しかし、何よりもカッセゴールのプレカリアート研究を他の研究から際立たせて見せているのは、彼が雨宮のことを、一つの運動連続体の中において、彼女が一貫して重要な結節点となっていながら、一種の「チャンピオン」(Field 2009, 3)や「世論作り屋」あるいは「槍先」(Obinger 2016, 342. 344)などとパターン化して扱ってはいないことである。このようなパターン化は、従来のアカデミズムが慣れてきた素材や研究技術の結果である。アカデミックなトレーニングによって得られる学問的なスタンダードは（参加型の観察という技術も含めて）通常それにできるだけ接近したテクストを優遇するからである。[4]

これに対し、カッセゴールのやり方は厳密な民族誌的やり方よりも、むしろ自身が対象とする活動家に共感しながら同伴するというやり方を特徴としている。「二〇〇九年から二〇一〇年にかけての京都滞在中、私は月に何度も「くびくびカフェ」に行ったり、組合主催のイヴェントに出かけた。それは心地よいアジトというだけでなく、京都大阪を中心とする関西における活動を知るための便利な結節点だった」(Cassegård 2014, 2)。こうした直接的なコミュニケーションとセットになっているのが、著書、論文、パンフレット、ビラ、ホームページ、討論フォーラム（コミュニティ）、ニュースレター、ブログといった活動家自身が作ったテクストの分析である（7）。このようなやり方で、カッセゴールは彼の調査研究した「フリーター・アクティヴィズム」[5]の基本理念と活動形態のマップを作ることに成功した。これにくわえて彼は、プリケアな人々が自分たちに主体化の様式（アイデンティティ）を割り当てているヘゲモニアルな言説に疑問を付し、それを新しい方向に向けることができるような「オールタナティヴ空間」や「エンパワーメント」といったコンセプトとも取り組んでいる。すでに示唆しておいたように、雨宮のような活動家の場合、これは、イデオロギー的には「自己責任」として遠回しに表現されたネオリベラルな不当要求を公然と拒否し、日本国憲法第25条に定められた充分で文化的な生活をする権利を自覚的に要求したり、作り上げたりするところにある。

カッセゴールの研究には「素人の乱」とともにこの間有名になった「フリーター・アクティヴィスト」のグループも取り上げられている（104－111）。このグループの中心としてよく知られている松本哉は最近東アジアを舞台としても活動しており、そのため日本という枠を越えてアカデミックな研究対象にもなっている。[6] ここに「素人の乱」の信条となる一文だけを引用しておこう。

労働条件の改善や生活保護を求める運動は、政府や企業に対して要求をしているけど、俺はむしろ、そういう世界からは極力離脱するようにしている。（中略）そっちの世界から離脱した。（松本哉二〇〇八b、一八三―四）

「離脱」とは、この場合「革命」を意味するが、これはさらにいえば、「ポスト革命の世界を先取りして創り出そうという理念のことであり、だれに対しても「こっち来いよ、もっと楽しくやろうぜ」と呼びかけることを意味している（同）。こうしたプリケアな人々の生き延びる（Let us live!）ための戦いは、予示的政治（Obinger 2013, 100–110）という意味で、現在の共同体の中で良い生活を求めることと深くつながっている。彼らは危機的状況にある東京の高円寺商店街にオールターナティヴな空間を創り出し、とくに「ぼったくり経済」が市場に無限に新製品を送り込むために処分した物品の「リサイクル、修理、改造」で生計を立てている（松本二〇〇八、六三）。ここでは、永久的な消費欲に駆られたメインストリーム社会への拒否と、何らかの形で処分された「ゴミ」に依存するという皮肉な自己認識とが結合しているが、これはロライの次のようなパラドックスめいた発言ともよく似ている。ロライによれば、ネオリベラルの不当要求を拒否することはけっしてそれからの解放の一撃とはならず、「そのような仕方ではなく、またそれのために統治されることでもなく、自分で自分を統治するための対決や戦いとなる。従属しない技能とは、そのポテンシャル同様、従属的な技能に内在化しており、現在の有用な技能から逃れ、とくにプリケアな主体化様式そのものの中に生じるのである」（Lorey 2012, 130）。

もう一度強調しておきたいのは、雨宮や松本のような活動家がカッセゴールの研究においてはけっして特別な地位に置かれたり「オピニオンリーダー」（Obinger 2013, Kap. 5 u. 6）として見られていないことである。彼らの個性化は、あくまで彼らが活動し、同時にその過程の中で自己を構成しているネットワークの結果として出てくるのである。これには葛藤が付きものであるし、挫折のリスクもある。このことはさらに、ホームレスのテント村における具体的な（芸術）アクションに示されたフリーター・アクティヴィズムの形でも明らかになる。衛生設備を近くにもつ公共の場所（公園、河岸のプロムナード、駅）でそのような「村」が急激に増えたのも一九九〇年代の危機の結果であった。それ以来、日雇労働者にとっては仕事を見つけるのが困難になり、その結果しばしばホームレスを生み出した。同時に若者たちは、そうした日雇と競合するように非正規雇用に流れ、ますます「プリケアに近づいて」いった。こうした展開は二〇〇〇年来、安い二四時間営業のインターネット・カフェ、またはいわゆるマンガ喫茶に投宿する、若いホームレスの日雇労働者である「ネットカフェ難民」という現象の中に象徴的な表現を見出している（Cassegård 2014, 124）。

「カフェ」という言葉から、最後に「フリーター・アクティヴィズム」について考えてみたいが、それに関してもう一度ロライのいう二重の統治アンビヴァレンツ、すなわち他者統治と自己統治のアンビヴァレンツおよび自己統治内部でのアンビヴァレンツのことを問題にしたい。カフェというのは、近代化していくまたは近代化された社会においては、その多様な利用のためパブリックとプライベートの間を往き来する場所であったし、現在もそうであるが、これは、その場所でだれが何をどのようになすのかに応じて多様な方向に開かれた空間でもある。インターネット・カフェが狭義のプリケアであり、圧倒的に他者によって統治されたワーキングプアの利用者たちにたんなる生き残りの場（これには次の仕事を見つけるためのネット利用が含まれる）を提供しているのに対し、「自己統治」を目標とするカフェは現実においてもアンビヴァレントな空間である。二〇〇〇年来世界中で大小の都市に出現したカフェのスペクトルは広い。おそらくその極の一つに、「経済的強制と芸術衝動の間」にあるクリエイティヴな人たちによるライフスタイルの店というタイプがあるのだろう（Manske 2016）(7)。

その反対の極をなすのが、たとえばカッセゴールが出入りしていた京都大学構内の「くびくびカフェ」である。これは今では閉鎖してしまっているが、カッセゴールはこのカフェのことを「心地よい会話と安いコーヒーを提供してくれる場所、情報センター、ときには組合員の一次的な宿泊所」と書いている（Cassegård 2014, 1/2）。あるいは「素人の乱」のメンバーによる「なんとかＢＡＲ」。これを営業していくには、（たいていは一晩）買い物や料理をする志望者をつねに必要としており、売り上げ金はしばしば活動やプロジェクトを支援するために使われている。あるいはまた代々木公園の「エノアールカフェ（絵のあるカフェ）」。これはホームレスの村に住んでいる二人の活動家小川てつオといちむらみさこが営業していて、ホームレスのために絵画サークルなどを催している。

こうしたことは日本だけに限られない。韓国、香港、台湾、北京、上海などにも見られることである。デジタル・メディアのおかげで、今日ではこれらのさまざまなプロジェクトの活動家について部分的に直接間接の情報が得られる。同時にこの活動家たちは「アナログ」な形でも討論や学習をしていて、互いに直接コミュニケーションを取り合ってもいる。これについては、たとえば二〇一四年に中国語で出版された『創意空間――東亜的芸術与空間抗争 Creative Space : Art and Spatial Resistance in East Asia』（Yuk Hui & DOXA）がある。また松本哉の『世界マヌケ反乱の手引書』も大いに参考になる。このような芸術、社会、政治にわたるアクションの出会いは、最近では芸術用語の「アーティヴィズム Artivism」に表現されている。香港の独立芸術家グループ「Hidden Agenda」の活動家ウォン・アーコックは二〇一二年一二月の「素人の乱」訪問に際して、この出会いを次のようにまとめている。「われわれは政府と国家を相手にして戦う活動家ではない。われわれが欲するのは、ただ政府や国がわれわれに生きるための空間を認めてくれること、それだけである。ほうっといてほしいだけなのだ。Just let us be!」。

この「Just let us be!」はまた、あたかもすでに大きな社会的変化が起こってしまったかのように、つまり「実現されたユートピア」の中にいるかのように生活したいという要求としても理解できよう。

（小林敏明訳）

（１）この運動実践と理論の概念についての論議に関してはVirno 2010およびLoick 2014を参照。

（２）HommrichとOberingerの外にもGebhardt（2010）, Allison（2013）, Iwata-Weickgenannt und Rosenbaum（2015）、また最近ではKöhn und Unkel（2016）の研究を挙げることができる。

（３）たとえば、彼女が一八件の多様なプリケアな人々をルポした本『プレカリアートの憂鬱』（二〇〇九）およびウェブ・マガジンでの自分のブログ「雨宮処凛がゆく」（http://www.magazine9.jp/article/amamiya/）についての記事を参照。

（４）これに属するのは、たとえば出版物の版権であるが、これがないと告訴されたり（たとえばObinger 2010, 152）、参考文献の作成が「複雑」になる。

（５）カッセゴールは「フリーター」という言葉を次のように広い意味で使っている。「プレカリティ、言いかえれば不安定な生活の結果安定した雇用を欠くことを特徴とする若者たちを指す。フリーターであるとは、特定のタイプの雇用をもつのではなく、学業、失業、派遣労働、あるいはその他の非正規労働やリタイア組といったところをあちこち出入りする層の属性である。派遣労働者、パートタイム主婦、社会からのリタイア組と同じように、大学生、若い研究者、芸術家、若年ホームレスなどもまたこの層の一部を成している」（同：４）。

（６）これらの人々の詳細に関してはObinger（2013）, Richter（2012, 118–123）を参照。

（7）文化産業および創造産業の分野でのプリケアな人々のフィールドについてこのテクストで触れられないのは、たんにそれについて述べる余裕がないというだけでなく、私見では、少なくとも日本研究には、そもそもそのようなものが欠けているからである。

参考文献

Allison, Anne : *Precarious Japan*. Durham/London : Duke University Press 2013.

雨宮処凛「生きづらさが超えさせる「左右」の垣根」『ロスジェネ』創刊号　かもがわ出版２００８

雨宮処凛『プレカリアートの憂鬱』講談社２００９

「万国のプレカリアート！〈共謀〉せよ！」『インパクション』１５１／２００６

Berndt, Enno : „J-Society. Wieviel Unterschied€ verträgt das Land?“. In : *J-Culture. Japan-Lesebuch IV*. Steffi Richter u. Jaqueline Berndt（Hrsg˙）, konkursbuchverlag Claudia Gehrke 2008, 74–85.

Berndt, Enno : *Toyota in der Krise Von den Widersprüchen und Grenzen des Status quo*. Leipzig : Universitätsverlag 2009.

Candeias, Mario : „Prekarisierung : unterbestimmt und überdifferenziert“. In : *arranca! füreine linke Strömung*. Nr. 32/2005, 4–7.

Cassegård, Carl : *Youth Movements, Trauma and Alternative Space in Contemporary Japan*. Leiden/Boston : Global Oriental 2014.

Elis, Volker : „Japan und die postfordistische Prekarisierungsgesellschaft“. In : *Prekarisierungsgesellschaften in Ostasien?. Aspekte der sozialen Ungleichheit in China und Japan*. Stephan Köhn u. Monika Unkel（Hrsg.）, Wiesbaden : Harrassowitz Verlag 2016, S. 61–82.

Field, Norma : “Commercial Appetite and Human Need : The Accidental and Fated Revival of Kobayashi Takiji’s *Cannery Ship*”, 2009 ; abrufbar unter : http : //apjjf.org/-Norma-Field/3058/article.pdf（letzter Zugriff am 02.04.2016）.

Foucault, Michel : *Was ist Kritik?* Berlin : Merve Verlag 1992.

Gebhardt, Lisette : *Nach Einbruch der Dunkelheit*. Berlin : EB Verlag 2010.

『現代用語の基礎知識』自由国民社２００８

Hommrich, Carola : „Die Wahrnehmung der Differenzgesellschaft—Abstiegssorgen und Ausschlussängste in Japan". In : *Prekarisierungsgesellschaften in Ostasien?. Aspekte der sozialen Ungleichheit in China und Japan*. Stephan Köhn u. Monika Unkel（Hrsg.）, Wiesbaden : Harrassowitz Verlag 2016, 155–176.

Hui Yuk & DOXA : *Creative Space : Art and Spatial Resistance in East Asia*（『創意空間—東亜的芸術与空間抗争』）. Hongkong : Roundtable Synergy Books 2014.

伊藤公雄「万国のプレカリアート『共謀』せよ！」『インパクション』１５１／２００６

Iwata-Weickgenannt, Kristina u. Roman Rosenbaum（Hrsg.）: *Visions of Prcarity in Japanese Popular Culture and Literature*. London/New York : Routledge 2015.

Köhn, Stephan u. Monika Unkel（Hrsg.）: *Prekarisierungsgesellschaften in Ostasien?. Aspekte der sozialen Ungleichheit in China und Japan*. Wiesbaden : Harrassowitz Verlag 2016.

Kohso, Sabu : „Angelus Novus in Millennial Japan". In : *Japan after Japan*. Tomiko Yoda and Harry Harootunian（eds.）, Durham & London : Duke University Press 2006, 415–438.

Loick, Daniel : „Stichwort : Exodus. Leben jenseits von Staat und Konsum?". In : *WestEnd. Neue Zeitschrift für Sozialforschung* 1/2014, S. 61–66.

Lorey, Isabell : *Die Regierung der Prekären*. Wien/Berlin : Verlag Turia + Kant 2012.

Manske, Alexandra : *Kapitalistische Geister in der Kultur- und Kreativwirtschaft. Kreative zwischen wirtschaftlichem Zwang und künstlerischem Drang*. Bielefeld : transcript 2016.

Marchart, Oliver : *Die Prekarisierungsgesellschaft. Prekäre Proteste. Politik und Ökonomie im Zeichen der Prekarisierung*. Bielefeld : transcript Verlag 2013a.

Marchart, Oliver: „Auf dem Weg in die Prekarisierungsgesellschaft“. In: *Facetten der Prekarisierungsgesellschaft. Prekäre Verhältnisse. Sozialwissenschaftliche Perspektiven auf die Prekarisierung von Arbeit und Leben*. Oliver Marchart (Hrsg.), Bielefeld: transcript Verlag 2013b, 7–20.
松本哉『貧乏人の逆襲！　―タダで生きる方法』筑摩書房２００８
松本哉『世界マヌケ反乱の手引書　ふざけた場所の作り方』筑摩書房２０１６
Obinger, Julia: *Alternative Lebensstile und Aktivismus in Japan. Der Aufstand der Amateure in Tokyo*. Wiesbaden: Springer VS 2014.
Obinger, Julia: „Megatrend Prekarisierung? Eine sozialwissenschaftliche Annäherung an den ‚Prekarisierungsdiskurs‘ in und über Japan“. In: *Prekarisierungsgesellschaften in Ostasien?. Aspekte der sozialen Ungleichheit in China und Japan*. Stephan Köhn u. Monika Unkel (Hrsg.), Wiesbaden: Harrassowitz Verlag 2016, S. 329–350.
Precarias a la Deriva: *Was ist Dein Streik? Militante Streifzüge durch die Kreisläufe der Prekarität*, 2014; abrufbar unter: http://transversal.at/books/precarias-de .
Richter, Steffi: „Das Ende des ‚endlosen Alltags‘? Post-Fukushima als Japan-Diskurs“. In: *Japan nach „Fukushima“. Ein System in der Krise*. Steffi Richter und Lisette Gebhardt (Hrsg.). Leipzig: Leipziger Universitätsverlag 2012, 91–133.
Richter, Steffi: „‘Prekarisierungsgesellschaft‘: Der Fall Japan“. In: *Prekarisierungsgesellschaften in Ostasien?. Aspekte der sozialen Ungleichheit in China und Japan*. Stephan Köhn u. Monika Unkel (Hrsg.), Wiesbaden: Harrassowitz Verlag 2016, 351–377.
Roundtable: „Exodus als Streik“. In: *WestEnd. Neue Zeitschrift für Sozialforschung* 1/2014, 121–130.
「ロスジェネ宣言―いま「われわれ」の言葉はリアルだろうか」『ロスジェネ』第3号　かもがわ出版２００８
「接続せよ！　研究機械」『インパクション』１５３／２００６
杉田俊介「ロスジェネの文芸論」『すばる』集英社　８／２００８

Virno, Paolo : *Exodus*. Wien/Berlin : Verlag Turia + Kant 2010.
Žižek, Slavoj : *Was ist ein Ereignis?* Frankfurt am Main : S. Fischer Verlag 2014.

編者・執筆者紹介（執筆順）

坪井秀人（つぼい・ひでと） 編者、序言・第4章
国際日本文化研究センター教授。日本近代文学・文化史。『声の祝祭―日本近代詩と戦争』名古屋大学出版会、一九九七年。『感覚の近代―声・身体・表象』名古屋大学出版会、二〇〇六年。『性が語る―二〇世紀日本文学の性と身体』名古屋大学出版会、二〇一二年。

酒井直樹（さかい・なおき） 第1章
コーネル大学比較文学科・アジア学科、ゴールドウィン・スミス記念基金教授。比較文学、人種主義・国民主義研究、日本研究、アジア地域研究、翻訳論、記号論研究。*Voices of the Past*. Cornell University Press, 1991：以文社、二〇〇二年。『死産される日本語・日本人』新曜社、一九九六年：講談社、二〇一五年。*Translation and Subjectivity*. University of Minnesota Press, 1997：岩波書店、二〇〇七年・二〇一二年。

鍾以江（しょう・いこう） 第2章
東京大学東洋文化研究所准教授。日本近現代史、宗教と世俗性。*The Origin of Modern Shinto in Japan：The Vanquished Gods of Izumo*. London：Bloomsbury Publishing, 2016.「宗教、自由と公共性―靖国参拝違憲訴訟を考える」磯前順一・川村覚文編『他者論的転回―宗教と公共空間』ナカニシヤ、二〇一六年。「「教化」から「教育」と「宗教」へ―近世・近代日本における「教」の歴史」伊東貴之編『「心身／身心」と環境の哲学』汲古書院、二〇一六年。

沈熙燦（しむ・ひちゃん） 第3章
立命館大学衣笠総合研究機構客員協力研究員。日韓近代思想史。「「方法」としての崔南善―普遍性を定礎する植民地」磯前順一・尹海東編『植民地朝鮮と宗教―帝国史・国家神道・固有信仰』三元社、二〇一三年。「占領と民主主義」西川長夫・大野光明・番匠健一編『戦後史再考―「歴史の裂け目」をとらえる』平凡社、二〇一四年。

浅野麗（あさの・うらら） 第5章
亜細亜大学経営学部専任講師。日本近・現代文学。『喪の領域　中上健次・作品研究』翰林書房、二〇一四年。『大学生のための文学トレーニング　現代篇』（共著）三省堂、二〇一四年。

朱恵足（しゅ・けいそく） 第6章
台湾中興大学台湾文学とトランスナショナル文化研究所副教授。台湾文学、沖縄文学、比較文学。「帝国的移動と「近代」の遠近法―八重山諸島と植民地台湾を行き来する人々―」『琉球・沖縄研究』三号、二〇一〇年。“Deauthenticating Indigeneity：Literary Imaginations from the Yaeyama Islands, Okinawa,” *Amerasia Journal* 41.1 (2015)：37–52.,「世界の始まり／終わりとしての島嶼：

呂則之『荒地』と崎山多美『ゆらてぃく　ゆりてぃく』」喜納育江編『沖縄ジェンダー学3　交差するアイデンティティ』大月書店、二〇一六年。

シュテフィ・リヒター（Steffi Richter） 第7章

ライプチヒ大学主任教授。日本思想史・文化史。*Contested Views of a Common Past : Revisions of History in Contemporary East Asia.* (ed.) Frankfurt/M., New York : Campus-Verlag, 2008. *J-Culture. Japan-Lesebuch IV*. (eds.) Tübingen : konkursbuch Verlag Claudia Gehrke 2008. *Japan nach „Fukushima“. Ein System in der Krise.* (eds.) Leipzig : Leipziger Universitätsverlag, 2012.

戦後日本を読みかえる　第6巻
バブルと失われた20年
二〇一八年六月三〇日　初版発行
編　者　坪井秀人
発行者　片岡　敦
印刷
製本　亜細亜印刷株式会社
606-8204　京都市左京区田中下柳町八番地
発行所　株式会社　臨川書店
電話（〇七五）七二一―七一一一
郵便振替　〇一〇七〇―二―八〇〇
落丁本・乱丁本はお取替えいたします
定価はカバーに表示してあります
ISBN 978-4-653-04396-6　C0336　© 坪井秀人 2018
〔ISBN 978-4-653-04390-4　C0336　セット〕